KB017281

데카르트에서 보드리야르까지, 철학의 발상을 읽다

시대를
매혹한
철학

14-SAI KARA NO TETSUGAKU NYUUMON

Copyright © Yam-cha 2015

Korean translation rights arranged with FUTAMI SHOBO PUBLISHING CO., LTD.

through Japan UNI Agency, Inc,, Tokyo and Korea Copyright Center Inc,, Seoul

이 책은 (주)한국저작권센터(KCC)를 통한 저작권자와의 독점 계약으로 삼호미디어에서 출간되었습니다.

저작권법에 의해 한국 내에서 보호를 받는 저작물이므로 무단전재와 복제를 금합니다.

데카르트에서 보드리야르까지, 철학의 발상을 읽다

시대를
매혹한
철학

야무차 지음 | 노경아 옮김

samho MEDIA

철학이란 본디 유치한 생각과 과대망상에 가까운 억지를 '뻔뻔스럽게 주장할 때' 성립된다

이 책의 한국어판 제목은 《시대를 매혹한 철학》이지만, 일본에서 출간된 원 제목은 '열네 살부터의 철학입문'이다. 우선은 이에 얽힌 이야기로 글을 시작하고자 한다. 이 책은 니체를 시작으로 하여 데카르트와 칸트, 헤겔, 샤르트르, 비트겐슈타인, 레비스트로스, 데리다 등 이름만 들어도 그 철학적 위상과 무게가 압도적으로 와 닿는, 대철학자들이라 불리는 자들에 대한 이야기이다. 그리고 감히 나는, 역사에 이름을 남긴 그 위대한 철학자들이 '열네 살 아이'와 같은 수준이었음을 단언한다.

철학을 쉽게 이해할 수 있도록 표현해 "철학이란 사실은 간단하다."라고 주장하려는 것이 아니다. 핵심을 먼저 말하자면, 철학이란 본디 유치한 생각과 과대망상에 가까운 억지를 '뻔뻔스럽게 주장'할 때 성립된다는 뜻이다. 그렇다면 왜 하필 열네 살의 수준인가, 그것이 궁금할 수 있겠다. 열네 살이라 하면 정확히 중학교 1학년이다. 즉 어릴 때부터 몸에 배어 있던 '어린이의 상식' 즉 '어른은 옳다, 선생님은 훌륭하다, 세상에는 선과 악이 있다, 전쟁은 좋은 나라와 나쁜 나라가 싸우는 일이다' 등의 상식이 그야말로 붕괴하는 시기다.

그래서 스스로의 생각으로 나름의 가치관을 구축하는 시기이기도 한데, 사실 철학도 이와 다름없다는 거다.

철학_오랜 상식을 의심하여 이전과 전혀 다른 관점을 발견하고 새로운 가치관과 세계관을 창조하는 학문

실제로 앞서 말한 철학자들이 그러했다. 그들은 열네 살의 소년처럼 '자신만의 새로운 가치관'을 만들어냈다. 그 가치관은 너무나 획기적이어서 당대의 사람들에게는 엄청난 충격을 주었으며, 점차 상식의 변화를 이끌어냈고, 어느덧 역사에 길이 남을 위대한 철학 사상으로 회자되었다. 여기서 오해하지 말아야 할 것은, 그런 철학이 탄생한 배경이 그 철학자들이 특별히 명석하고 성숙했기 때문이 아니라는 점이다. 실제로는 그 반대다. 말했다시피 그들 대부분은 '열네 살 수준의 발상'의 소유자로, 오히려 그 때문에 당시의 상식을 깨뜨릴 수 있었다.

그렇다면 열네 살 수준의 발상이란 구체적으로 무엇일까? 예를 들자면 이런 거다. "선생님 말씀을 잘 들어야지."라는 야단에 "그래요? 그럼 선생님이 죽으라면 죽어야 하나요?"라고 반문하는 사고다. 철학자의 사고도 이와 비슷하다. 상식의 눈으로 보기에 '극단적으로 유치한 발상' 말이다. 그러나 그것으로 충분하다. 이런 발상에서 세상의 상식을 뒤엎을 만한 철학이 탄생했기 때문이다.

여기서 잠깐 한 가지 짚고 넘어가 보자. 당연하게 여겼던 것이 사실은 틀렸음을 깨닫는 것, 열네 살 무렵에 누구나 경험하는 사건인 '상식의 붕괴'에 대해 우리는 과연 어떻게 반응할까? 이때 예상되는 기본적인 반응은 '타협', '반항', 그리고 '철학'이다. 가령 유아 또는 초등학교 저학년 아이에게 "선생님 말씀을 잘 들어야 해."라고 말했다고 하자. 그 또래의 아이라면 필시 아무 의심도 없이 순순히 "네."라고 대답할 것이다. 이는 당연한 상식이며 주변 친구들도 모두 따르고 있기 때문이다. 그러나 아이는 커 가면서 깨닫는다. 선생님도 어디까지나 한 인간에 불과하며, 항상 좋은 선생님만 있는 것은 아니라는 사실을. 기존의 상식과 가치관이 붕괴되는 것이다. 그렇다면 이 아이는 그 변화에 어떻게 대처해야 할까?

아이는 셋 중 하나를 선택해야 한다. 첫째는 타협이다. 기존의 상식이 완벽하지 않은 것은 사실이지만 그것에 반항해 봐야 아무 이득이 없으므로 타협하고 받아들인다. 즉 성인이 되기를 선택한다. "그렇군요. 선생님께 거역하면 안 되죠." 둘째는 반항이다. 그 상식이 불완전한 것은 명백하므로 거기에 따를 필요가 없다. 즉 불량아, 무법자가 되기를 선택한다. "웃기지 마. 난 선생님 말 따위는 안 들을 거야."

타협과 반항은 방향은 정반대이지만 결국은 같은 선택이다. 즉 받아들이느냐 거부하느냐, 긍정하느냐 부정하느냐, 좌냐 우냐, 그런 차이에 불과하다. 이른바 보통 사람들은 둘 중 하나를 선택해 상식의 붕괴에 대처하지만 세상에는 그것만으로 만족하지 못하는 사람들이 있다. 그들은 어쩔 수 없이 세 번

시대를 매혹한 철학

째 선택지인 철학을 고른다. 이 선택지를 고르는 사람은 소위 괴짜라 불리며 세상과 어긋난 감성을 지닌 사람들이다. 어긋나기는 했지만 엉터리라는 뜻은 결코 아니다. 그들은 다만 극단적이다. 착실한 어른이라면 타협할 문제에 대해서도 극단적으로 돌진한다. 예를 들어 선생님 말씀을 잘 들어야 한다는 말에도 그들은 이렇게 반응한다.

"그 문제에 답하기 전에 우선 '세계 최악의 교사'가 있다는 상황을 상정해 보자. 만약 그 교사가 죽으라고 하면 어떻게 해야 할까? 아니, 그것도 모자라 아무 죄도 없는 사람들을 무차별하게 학살하라고 한다면 어떻게 해야 할까?"

세상에 그런 교사는 없다고 반박하고 싶겠지만, 그들은 이런 극단론을 잘도 끄집어낸다. 그리고 거기서부터 이야기를 말도 안 되는 방향으로 전개해 나간다.

"물론 무차별 학살은 인간으로서 해서는 안 될 짓이야. 그렇다면 역시 선생님의 말을 항상 따라야 하는 건 아니겠군."

"그건 교사와 학생의 관계보다 '인간으로서의 올바름'을 우선한다는 뜻이잖아. 그런데 그거야말로 '학생이 선생님의 말을 듣기 위해' 필요한 전제 조건이 아닐까?"

"그렇지만 나는 선생님한테 그런 걸 배운 적이 없어. '인간으로서의 올바름'이란 무엇인지, 교사가 그것부터 명확히 밝히고 학생들과 공유해야 해. 그것이 교사와 학생이 맺는 관계성의 기반이며 출발점이라 한다면, 그런 논의도 없이 교사와 학생의 상하관계를 당연한 듯 강요하는 현대 교육에는 큰 문제가 있어!"

　지금 이 이야기를 과대망상에 가까운 유치한 발상이라고 생각하는 독자도 있을 것이다. 하물며 이것이 '남자 중학생'의 말이라고 한다면 코웃음을 치며 상대도 해 주지 않을 것이다. 그러나 같은 말을 저명한 학자나 대학 교수가 고상한 어휘로, 심지어 절반도 채 이해하지 못할 난해한 문장으로 썼다고 한다면 어떨까? "(잘 모르겠지만) 훌륭하다.", "눈이 번쩍 뜨인 느낌이다.", "두고 두고 읽을 책이 될 것 같다."라는 반응이 나와도 이상하지 않을 것이다.

　내가 말하고 싶은 것이 바로 이것이다. 모든 철학이 열네 살 수준의 생각에서 비롯된다는 것, 오해를 무릅쓰고 다시 말하자면 열네 살 수준의 극단적으로 유치한 생각에서 나온다는 것이다. 모든 철학서가 난해하지만 그 '난해한 부분(저자가 온갖 반박을 상정해 전문가용으로 엄밀히 집필한 부분)'을 걷어 내고 보면 근간에 있는 내용은 다 이와 같은 성격이다.

　어쩌면 이 책을 읽은 여러분 중 어느 누군가도, 듣고 보니 나도 그렇게 생각한 적이 있다고 회상하고 있을지 모르겠다. '그 무렵의 애처롭도록 유치한 생각을 관철했다면 나도 역사에 길이 남을 위대한 철학자가 되었을까?'라고 말이다. 만약 그런 독자가 한 명이라도 있다면 저자로서 더할 나위 없는 기쁨 이겠다.

야무차

| 차례 |

책머리에 • 8

1

철학,
상식의 붕괴

니체의 철학은 몇 천 년이 넘도록 면면히 이어져 온 상식에의 반역이며 전복이며 혁명이었다. 니체는 이상과 미래의 허위가 만천하에 드러나 아무도 그것을 지향하지 않는 허무주의의 세계로 쫓겨나더라도 모두가 담대하게 살아갈 수 있게 할 새로운 사고방식을 찾아냈다.

니체

Friedrich Wilhelm Nietzsche 1844~1900

지금 이 인생을 다시 한 번
똑같이 살아도 좋다는 마음으로 살라

미래에 어떻게 되느냐는 중요하지 않다.
지금 이 순간 자신이 어떠한가, 그것이 중요하다.

＊＊＊

역사에 길이 남을 만한 위대한 철학은 열네 살쯤의 아이가 떠올릴 법한 극단적인 발상에서 비롯된다. 그 실례로 니체의 철학을 먼저 소개한다. 니체는 "신은 죽었다."는 말로 유명하다. 그 자체가 이미 삐뚤어진 중학교 2학년의 대사처럼 들리지만, 사실 니체는 '허무주의'를 파헤친 철학자였다. 그럼 허무주의란 무엇일까? 간단히 말하자면 이런 사고방식이다.

"우주는 아무 목적 없이 그저 존재하는 것일 뿐, 인간의 삶에 아무 영향도 주지 않아."

"신? 정의? 전부 다 머리 좋은 작자들이 만들어낸 거짓말일 뿐이야. 그런데도 신을 믿는답시고 서로를 죽이고, 정의를 실현한답시고 남을 괴롭혀 대니 그게 얼마나 어리석은 짓이야?"

여기까지 읽고 '어? 허무주의에 공감이 가는데.'라고 생각하는 사람이 많을 듯하다. 그렇다면 니체의 예언이 이루어진 셈이다. 니체는 미래에 이렇게 생각하는 사람들, 즉 신과 정의에 냉담하게 반응하는 사람들이 늘어날 것이라고 예견했다.

허무주의의
탄생

옛날에는 사람들 대부분이 '신'의 존재를 믿었다. 그들은 세상에 선한 일과 악한 일이 존재하며, 선한 일을 하면 신의 은혜를 받고 악한 일을 하면 천벌을 받는다고 굳게 믿었다. 그러나 그들에게도 문제가 하나 있었으니, 무엇이 '선한 일'이고 무엇이 '악한 일'인지를 모른다는 것이었다. 선한 일인지 악한 일인지는 인간의 한계를 뛰어넘은 존재인 신이 판단할 영역이므로, 인간 스스로가 "이것이 선한 일이다!"라고 단언하더라도 그것이 정답이라는 보장이 없었다. 가령 죄 없는 사람을 죽이는 것은 누구나 악하다고 말할 수 있겠지만 소나 돼지처럼 고통을 느끼며 울부짖을 줄 아는 고등 동물을 도살하는 것처럼 미묘한 일에 대해 묻는다면 아무도 명료하게 답할 수 없을 것이다.

사실 그것을 아는 방법은 아주 간단하다. 신에게 물어보면 된다. 물론 평범한 사람이 신에게 '선악의 기준'을 직접 물어볼 수는 없다. 그러나 세상은 넓기에 반드시 어딘가에는 신의 목소리를 듣는 특별한 사람들이 있다. 게다가 안성맞춤으로 그런 사람들 종교인, 예언자의 정보를 한데 모은 단체 종교 조직까지 있지 않은가? 그러니 거기에 소속되어 '정답'을 들으면 된다.

이것이 선한 일입니다. 이것이 악한 일입니다.
악한 일을 하면 죽고 나서 이런 벌을 받습니다.

자, 이제 안심이다. '신'이 그렇게 말했으니 틀림없다. 그러나 그 종교 조직 사람들도 결국은 인간이라서 많은 잘못을 저지른다. 예를 들어 권력을 차지하기 위해 파벌 간에 피비린내 나는 싸움을 벌인다거나, 과학적 사실에 명백히 위배되는 미신을 강요한 끝에 반대파를 처형한다거나. 그런데 정말 이상하다. 그들은 '완벽한 선악의 기준'을 전파하는 신의 대변자가 아니었던가?

가장 큰 문제는 그들의 잘못이 시간이 갈수록 축적된다는 것이다. 결국 어떤 종교 조직이든 그 역사를 훑어보면 언제부턴가 이런 말이 절로 나올 듯한 상태로 변질되어 간다. "세상에, 그 사람들 그렇게 고상한 소리만 늘어놓더니 이렇게 잔혹한 짓을 한 거야?" 그리고 언제부턴가 마치 꿈에서 깨어난 듯 종교에 냉담한 태도를 취하는 사람들이 많아진다.

"뭐야, 종교의 계율(신이 말한 선악의 규범)을 제일 많이 어기는 건 종교인들이잖아? 착실히 지킨 나만 손해야."
"이런 자들이 믿는 종교라니. 신의 목소리를 듣는다는 말도 믿을 수 없어."

이쯤 되면 다 틀렸다. 그때부터 종교는 낡은 시대와 더불어 '우리에게 삶의 도리와 규범을 가르쳐 주는 심적 지주'로서의 역할을 잃어버리고 만다. 사람들은 점점 종교 이탈을 일으키고 결국은 신도 없고 정의^{불이익을 무릅쓰고라}^{도 지켜야 할 옳은 일}도 없으며 그런 것을 믿는 사람은 바보라고 생각하는 가치관, 즉 허무주의에 빠진다.

허무주의의 폐해

그러한 상태도 나름대로 괜찮지 않느냐고 생각하는 사람도 있을 것이다. 종교에 빠져서 신이니 정의니 떠들어 대는 사람들이 오히려 현실 감각이 떨어지는 듯 느껴지는 건 사실이다. 그보다는 조금은 냉담하고 허무적으로 세상을 관조하는 사람들이 훨씬 건전하게 사고하는 듯 보이며, 그런 사람들이 많아져야 싸움이 줄어들어 세상도 더 나아질 것 같다.

그러나 이것은 착각이다. 니체에 따르면 그런 허무적인 태도를 취하는 사람은 겉으로는 성실해 보이지만 사실은 마음에 병이 든 상태다. 허무주의란 미처 알지 못하는 사이 인간의 마음을 부패시켜 결국은 '생의 고양高揚, 살아가는 기쁨'을 앗아가는 무서운 병이다.

여기서 개미 한 마리를 상상해 보자. 이 개미는 신이나 정의 같은 '눈에 보이지 않는 무언가'를 믿으며, 무리를 위해 일하는 것은 훌륭한 일이라는 '가치관'을 갖고 있었다. 그는 그 가치관을 가슴에 품은 채 매일을 충실히 살았다. 그러나 인간의 눈에는 개미의 신앙이 어리석어 보인다. 그래 봤자 개미일 뿐이니까. 인간에게 개미란 여기저기서 솟아나서 어느새 죽는, 지천으로 널린 존재다. 사람이 별 생각 없이 밟으면 찍 소리도 못하고 죽는 보잘것없는 존재다. 그래서 개미가 "나는 다른 개미보다 큰 먹이를 날랐다."라고 주장해도 유의미한 차이를 느끼지 못하며, "신이 항상 지켜 주신다."라는 개미의 말 역시 자의식 과잉에서 나온 미친 소리로만 생각한다(신이 무엇 때문에 고작 벌레 한 마리를 보살펴 준다는 말인가?).

그러던 어느 날 그 개미는 불현듯 깨닫는다. 자신이 보잘것없는 벌레에 불과하다는 사실을.

아, 나는 먹이를 나르다 죽어 없어질 한 마리의 벌레일 뿐이구나.

그는 흡사 인간이 개미를 보는 듯한 차가운 시선가치관으로 자신의 '존재'를 보기 시작한다. 그 후 그의 삶은 어떻게 변할까? 전처럼 기쁜 마음으로 좀 더 큰 먹이를 나르려고 애쓸까? 그렇지 않을 것이다. 그래 봤자 아무 의미도 없으니까.

큰 먹이를 열심히 나르면 죽은 뒤에 신이 천국에서 칭찬해 준다고? 그런 말도 안 되는 소리를 믿을 것 같아? 큰 먹이를 날라도 아무 의미가 없어.

그때부터는 0.1그램의 먹이를 나르든 0.2그램의 먹이를 나르든 별반 다를 것이 없어진다. 0.2그램을 나른 개미가 더 '위대하다', '훌륭하다'고 생각할 만한 근거는 어디에도 없는 것이다. 잠시 옆을 돌아보니 아무것도 모르는 개미들이 앞다투어 먹이를 나르고 있다. 모두 필사적으로 일하다가 일이 끝나면 "오늘 정말 많이 날랐어."라며 서로 자랑을 한다. 당연히 그는 무리에 끼지 않는다. 작은 곤충의 시체를 몇 미터쯤 움직이는 행위에 무슨 의미가 있어? 그런 걸 자랑하다니 너무 시시하잖아.

그래도 그는 먹이 나르는 일을 멈추지 않는다. 굶어 죽지 않기 위함이기도 하지만 진짜 이유는 개미 사회에서 '일을 못하는 놈'으로 낙인찍히면 불쾌한 취급을 당하기 때문이다. 그래서 비난을 피하기 위해 남의 화를 돋우지 않을 만큼만 일을 한다. 물론 일이 재미있을 리가 없다.

왜 그래? 왜 그렇게 힘이 없어? 어서 일하자고!
우리가 뭐냐고? 뭐긴 뭐야, 일개미지!

천진하기까지 한 그런 뻔한 말들을 쓴웃음으로 넘기며, 그는 로봇처럼 아무 생각 없이 작업을 하고 일과가 끝나기만을 기다린다. 하지만 일과가 끝난다고 무슨 즐거운 일이 있는 것도 아니다. 그래 봤자 개미일 뿐이다. 개미는 먹고 싸고 일하다 죽는 동물이며, 지향할 것도 해야 할 가치 있는 일도 없다. 그래서 그는 쉬는 시간에도 별 의미 없는 적당한 행위로 시간을 보낸다. 그럭저럭 살다 보니 시간이 흘러 나이가 들고 슬슬 죽을 날이 다가온다. 격심한 고통 속에 그는 이전에 흘려보낸 방대한 '무의미한 시간'을 돌아보며 중얼거린다.

나의 삶은 무엇이었을까? 이럴 바에는 그때 아무것도 깨닫지 못하는 게 나았을 텐데…….

그는 후회와 고통과 비참함 속에서 숨을 거둔다.

극단적 허무주의를
찾다

인간 역시 냉담한 허무주의적인 가치관으로 세상을 보면 언젠가 이 개미와 다를 바 없는 종말을 맞을 것이다. 이 세상에 '눈에 보이는 것 이상의 가치' 즉 신, 정의, 이상, 사랑 같은 것이 없다면 과연 우리는 어디서 가치를 찾으며 살아야 할까? 일생이라는 유한한 시간을 무엇을 위해 소비하며 살아야 할까? 만약 지향할 가치, '이것을 하고 싶다.', '이렇게 되고 싶다.'라는 것을 이 세상에서 찾을 수 없다면 우리가 당도할 인생의 결말은 기껏해야 다음의 말로 표현하게 될 것이다.

생존을 위한 작업을 어쩔 수 없이 계속하면서 덧없이 시간을 흘려보내며 살았구나.

니체는 그런 인간을 '말인末人'이라 불렀다. 말인이란 종교가 붕괴하여 허무주의 시대가 왔을 때 나타나는 인간, 목적 없이 그저 무난하게 목숨이 다하기를 기다리는 인간, 반쯤 잠자는 듯한 흐리멍덩한 의식으로 생각 없이 일상을 사는 인간이다. 니체는 그가 살았던 20세기부터 약 200년에 걸쳐 이 같은 말인이 점점 늘어날 것이라고 예견했다.

그런데 니체의 진정한 위대함은 여기서 드러난다. 그는 허무주의에 빠진 사람이 늘어난다, 인류의 미래는 암울하다고 외치는 데 그치지 않았다. 사실 그가 정말로 하려 했던 말은 "자, 그 허무주의를 넘어서려면 우리는 어떻게 해야 할까?"였다. 그는 비관적인 미래가 닥칠 것을 예견하고 그것을 넘어서는 철학을 제시한 것이다.

그렇다면 이 '허무주의를 넘어서는 철학'이란 과연 무엇일까? 그 전에 니체가 어떤 방식으로 이를 도출했는지부터 살펴보자. 우선 머릿속에 처음 떠오르는 것은 '다양한 허무주의를 분석하고 각각의 해결책을 도출하는 방식'일 것이다. 과연 매우 분석적이고 성실한 방식이다. 그러나 역사적인 철학자들은 그런 성실한 방식으로 사고하지 않았다. 더욱이 니체 같은 사람은 아주 대담하고 극단적으로, 그리고 조금은 유치하게 사고했다. 그래서 그는 이런 질문을 던졌다.

극단적인 허무주의란 무엇일까?

허무주의를 쳐부술 강력한 철학을 생각해야 할 시점에 굳이 '극단적' 허무주의를 끄집어낸 이유는 무엇일까? 내용은 이러하다. 허무주의 A를 극복할 철학, 허무주의 B를 극복할 철학, 허무주의 C를……. 이런 식으로 다양한 허무주의를 개별적으로 해결할 철학을 생각해내는 방식은 분명 성실하고 효과적이겠지만 그 과정이 너무 길고 지루할 것이다. 그러므로 'A, B, C 등 어떤 허무주의보다 강력한 극단적 허무주의'를 상정하고 그것을 극복할 철학을 만들어내는 방법은 어떨까? 요컨대 니체는 '송사리를 제각각 상대하다 보면 끝이 없다. 그보다 가장 강력한 적 하나를 찾아낸 다음, 그 놈을 쓰러뜨릴 최강의 철학을 고안하자. 그편이 훨씬 손쉬울 것이다.'라고 생각한 것이다.

그래서 극단적 허무주의를 찾은 것인데, 그렇다면 과연 어떤 허무주의에 '극단적'이라는 말이 어울릴까? 잠시 생각해 보자. 아마도 보통 죽음을 떠올릴 것이다. 아무리 애써 재산을 모아도 죽으면 끝이다. 그러므로 '죽음'이 극단적 허무주의라고 해도 괜찮을 것 같다. 그러나 니체는 거기에 만족하지 못했다. 그 정도로는 아직 최악이라 할 수 없었다. 죽음이란 인류가 생겨난 이래 모든 인간에게 부여된 과제이기 때문이다. 그래서 인간은 '죽음'에서 '삶의 의미'를 도출하는 이야기와 교훈을 이미 수없이 만들어냈다.

인간은 누구나 언젠가 죽는다. 그렇기에 최선을 다한 삶을 살아야 한다.

죽음이 있는, 그래서 한 번뿐인 인생이기에 오히려 '한 번뿐인 소중함'이라는 가치가 생겨난다. 인간은 그런 식으로 죽음에 의미를 부여할 뿐만 아니라, 어렵게 생각할 것까지도 없는 적당한 이야기 즉 '인간은 죽어서 사라지는 것이 아니라 사후 세계로 옮겨 가 삶을 지속한다.'는 이야기를 믿음으로써 죽음에도 가치를 부여했다.

그렇다면 '인간도 동물에 불과하다.' 또는 '인간은 유기물로 만들어진 로봇이다.'라는 허무주의는 어떨까? 아니 그것으로도 부족하다. 극단적이라고 말하려면 인간을, 사회를, 더 나아가 우주 전체를, 즉 모든 삼라만상을 아우르는 허무주의여야 한다. 그렇다면 과연 어떤 시점, 어떤 가치관으로 세상을 보아야 우주 전체가 '시시한 것'이 되어 버릴까? 어느 날 이런 생각을 곱씹으며 호숫가를 거닐던 니체는 별안간 하나의 의미를 떠올린다.

'영겁회귀'

아무 예고도 없이 니체의 뇌리에 떠오른 이 단어야말로 우주 삼라만상을 아우르는 극단적 허무주의의 핵심이었다.

무한히
되풀이되는 생

영겁회귀永劫回歸. 이것은 말 그대로 같은 일이 영원히 반복된다는 뜻이다. 니체는 이 '영원한 반복'이야말로 죽음보다 강력한 최악의 허무주의임을 산책 중에 깨달았다. 그런데 영원한 반복이 어째서 그렇게나 최악일까? 러시아의 대문호 도스토옙스키Dostoevskii는 소설 《죽음의 집의 기록》1864년에서 이렇게 말했다.

> 무거운 죄를 지은 자에게 자기 죄를 깨닫게 하려면, 흙을 파서 옮기고 파낸 흙으로 구멍을 다시 메우는 작업을 끝없이 반복시켜라. 이것이 극도의 고문이다. 결국 그 범죄자는 정신이상을 일으킬 것이다.

인간은 어떤 고통, 어떤 불행에서도 가치를 발견할 수 있다. 그것을 '유일한 일'로 여기기 때문이다. 즉 '단 한 번뿐인 인생에 일어난 불행'이라고 생각한다면 거기서도 가치를 발견할 수 있는 것이다. 그런데 만약 그것이 '무한히 반복되는 일'이라면 어떨까? 영겁회귀의 무한 반복을 니체는 이렇게 설명한다.

> 당신은 지금까지 살아온 인생을 한 번 더, 아니 무한히 반복해서 살아야
> 한다. 그렇게 반복되는 삶에는 새로운 것이 전혀 없기에 온갖 고통과 쾌
> 락, 온갖 사념과 탄식, 당신 인생의 모든 사건이 한 치의 어긋남도 없이 동
> 일한 순서로 반복된다. 우주는 모래시계 같은 것이며 당신은 그 속의 모래
> 알 하나에 지나지 않는다. 그리고 그 모래시계는 당신을 포함하여 영원히
> 같은 일을 되풀이한다.

니체의 말대로 우주가 삭막한 기계처럼 한 치의 어긋남도 없이 같은 일
을 반복한다면, 이미 어디에도 '한 번뿐임유일성'은 존재하지 않는다. 그것은
어떤 불행에서도불행뿐만 아니라 행복까지 포함한 모든 사건에서 '가치'를 찾을 수 없다는 뜻
이다.

그러니 생각해 보자. 당신은 무거운 돌을 굴리며 산꼭대기까지 올라가
고, 정상에 다다르면 그 돌을 밑으로 떨어뜨리고 다시 굴려 올라가는 작업
을 해야 한다. 그런 작업이라도 단 한 번이면 괜찮다. 어떤 중노동이든, 아
니 오히려 중노동일수록 드디어 끝났다는 성취감이 강해지기 때문이다. 그
러나 그 작업이 5억 번, 5조 번을 해도 끝나지 않고 무한히 계속된다면 어
떨까? 게다가 아무리 반복할지라도 그 어떤 변화도, 한 치의 어긋남도 없
이 모든 것이 똑같다면? 세상 누구도 그런 작업에서 의미가치나 목표지향점를
찾을 수 없을 것이다.

메우고 또 파고, 또 메운다. 아무 변화도 없는 똑같은 일을 반복한다. 아

무리 파도 아무 의미가 없다. 나중에 다시 메우고 또 파야 하니까. 아무리 메워도 아무 의미가 없다. 나중에 다시 파서 또 메워야 하니까. 그 행위는 무가치하고 무의미한 헛수고이자 고문일 뿐이다.

그래서 니체는 말했다. 영겁회귀야말로 죽음도 뛰어넘는 최악의 허무주의라고.

영겁회귀는
과연 타당한가

그런데 영겁회귀라는 세계관은 과연 타당할까? 그 세계관은 니체가 머릿속으로 생각해낸 것에 불과하며, 현실의 우주가 그렇다는 증거는 어디에도 없으므로 그저 허튼소리로 넘겨야 할까? 진지하게 생각할 필요도 없는 이야기일까? 그러나 참으로 놀랍게도, 니체는 우주의 영겁회귀를 이론적으로 증명했다. 이해를 높이기 위해 세세한 표현은 조금 손보았지만, 니체의 증명 과정을 대략 소개해 보자면 다음과 같다.

우선 우주를 끝이 없는 무한한 공간으로 가정해 보자. 그러면 엔트로피의 법칙에 따라 물질은 시간이 갈수록 '밀집되어 있는 상태'에서 '멀어지는떨어지는 상태'로 변할 것이다. 그리고 아주 오랜 시간이 흘러 물질과 물질이 일정 거리 이상 떨어지면 물질 간의 모든 상호 작용이 사라져 물리현상이 전혀 일어나지 않게 될 것이다. 물리현상이 없으면 생물도 존재할 수 없다. 즉 무한히 넓은 우주는 일정 시점을 넘어서면 죽음의 세계가 될 것이고, 그 후 그 상태가 무한히 지속될 것이다.

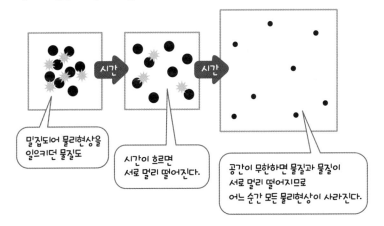

〈 엔트로피 법칙에 따른 우주의 변화 〉

밀집되어 물리현상을 일으키던 물질도

시간이 흐르면 서로 멀리 떨어진다.

공간이 무한하면 물질과 물질이 서로 멀리 떨어지므로 어느 순간 모든 물리현상이 사라진다.

● **엔트로피의 법칙**

우주의 엔트로피(물리계의 무질서한 정도, 열, 에너지)는 점점 증가한다는 법칙. 열역학 제2법칙이라고도 한다. 이 법칙에 의해 우주는 시간이 흐를수록 점점 무질서해진다.

이것을 시간 축 그래프로 나타내면 다음 쪽과 같다. 이 그래프는 생물의 존재가 가능한 시기밀집된 상태가 끝난 뒤, 생물의 존재가 불가능한 시기떨어진 상태가 무한히 지속되는 것을 나타낸다. 그렇다면 생물의 존재가 가능한 시기는 전체 중 극히 일부로, 한없이 0에 가까운 찰나의 사건에 불과해진다.

여기서 무언가가 이상하다. 현재 우주에는 생물이 존재하는데, 그만큼 기적적인 순간이 하필 '지금'이라니 정말 이상하지 않은가? 비유하자면 "사하라 사막에서 모래알 하나를 집어 올렸더니 그것이 우연히 그 사막에 단 하나뿐이었던 파란 모래였다."라는 이야기만큼이나 기묘하다.

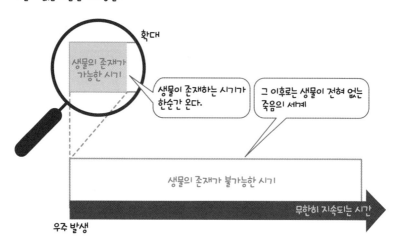

〈 끝이 없는 무한한 우주 공간 〉

확대

생물의 존재가 가능한 시기

생물이 존재하는 시기가 한순간 온다.

그 이후로는 생물이 전혀 없는 죽음의 세계

생물의 존재가 불가능한 시기

무한히 지속되는 시간

우주 발생

그렇다면 다시 아래의 그래프가 나타내듯 '우주는 생성과 소멸을 무한히 반복하며 지금 우리는 그중 하나의 시기에 살고 있다.'라고 이해하는 편이 자연스럽다. 어쨌든 무한한 우주 공간을 상정하면 이처럼 '무한히 지속되는 죽음의 세계'가 펼쳐지므로 생물이 존재하는 지금이 너무 기적적인 순간이 되어 버린다.

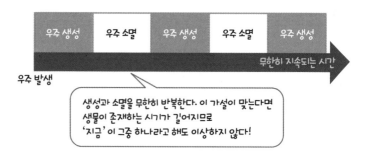

〈 끝이 있는 유한한 우주 공간 〉

우주 생성　　우주 소멸　　우주 생성　　우주 소멸　　우주 생성

무한히 지속되는 시간

우주 발생

생성과 소멸을 무한히 반복한다. 이 가설이 맞는다면 생물이 존재하는 시기가 길어지므로 '지금'이 그중 하나라고 해도 이상하지 않다!

제1장 | 철학, 상식의 붕괴

그렇다면 전제를 '우주는 끝이 있고 무한히 넓지 않다.'로 바꾸어 보자. '우주의 끝이 어떻게 되어 있을까?' 하는 의문은 일단 미뤄 두자. 벽이 있을지 공간이 띠처럼 연결되어 있을지 모르지만, 어쨌든 우주의 공간은 유한하다고 상정하는 것이다.

이런 우주는 거대한 당구대에 비유할 수 있다. 물질원자을 당구공, 유한한 우주 공간을 당구대라고 가정하고, 당구공이 공기 저항이나 마찰이 없는 당구대 위를 끊임없이 굴러가는 장면을 상상해 보자. 이때 당구공은 물리 법칙에 따라 운동하며 벽이나 다른 공에 부딪힐 때마다 위치를 바꾼다. 그런데 '당구대 위는 유한한 공간이며 당구공의 수 또한 유한하다.'라는 전제가 있으므로 시간이 무한히 흐르면 언젠가 한 번은 당구공의 '위치와 속도의 관계'가 이전과 똑같아지는 순간이 올 것이다. 이전과 똑같은 상태가 되었으므로 당연히 그다음 순간에도 같은 일이 벌어질 것이다. 즉 시간이 되돌려진 것처럼 '이전과 똑같은 운동'이 시작되며 그 후 동일한 사건이 영원히 반복된다.

유한한 공간에 유한한 개수의 당구공이 굴러다니고 있다면...

당구공의 배치(위치와 속도)는 한정된 조합밖에 만들지 못하므로

시간이 무한히 흐르다 보면 언젠가 이전과 똑같은 조합이 나타날 것이다.

이제 니체의 증명을 대략 이해했으리라 생각한다. 정리하자면 요점은 이렇다.

1 우주가 무한히 넓다면 물질이 계속 확산되므로, 우주는 언젠가 생물이 존재하지 않는 죽음의 세계가 되고 그 상태는 무한히 지속될 것이다.

2 그렇다면 전체 시간 중 '생물이 존재하는 시기'는 거의 0에 가까운 찰나일 텐데, '지금'이 그 시기에 해당하려면 엄청난 행운이 따라야 한다. 그러나 그런 일은 확률적으로 일어나기 어렵다.

3 그렇다면 우주 공간은 유한하다고 보아야 한다.

4 유한한 공간에 유한한 개수의 물질이 운동하고 있으므로 공간 안에서 일어나는 물질의 위치와 속도의 관계는 '유한한 가짓수'밖에 없다.

5 그렇다면 시간이 무한히 흘러가는 동안 언젠가 반드시 똑같은 조합이 나타나 동일한 운동을 시작할 것이다.

이처럼 영겁회귀는 가설도 이론도 아닌 '증명 가능한 사실'이다.

허무주의를 타개할
새로운 인류

이제 '우주가 영원히 회귀한다.'라는 이론이 증명된 셈인데, 그러면 이처럼 영원히 회귀하는 무의미한 세상을 살아가려면 우리는 어떻게 해야 할까? 니체는 이렇게 주장한다.

> 영겁회귀의 운명을 적극적으로 받아들이고
> 다시 한 번 체험하고 싶은 '현재'를 찾아내라.

요컨대 과거에 어떤 불행을 겪었고 앞으로 어떤 불행을 겪든, '한 번 더 경험하고 싶다.'라고 생각할 만한 '멋진 현재'를 찾아내면 된다는 뜻이다. 맞는 말이다. "정말 좋았다. 다시 태어나도 이 순간을 다시 경험하고 싶어. 몇 번이든 좋아!"라고 생각할 만한 현재가 있다면 영겁회귀도 문제될 것이 없다. 오히려 꼭 회귀시켜 달라고 부탁하고 싶을 것이다.

그러나 그런 '현재'가 진짜 있을까? 만약 있다 해도 그런 순간은 수많은 대중 앞에서 스포트라이트를 받는 유명인, 무엇이든 마음대로 할 수 있는 권력자, 대부호, 전문가 등 대단히 뛰어나고 행복한 사람들의 전유물일 뿐 보통 사람에게는 결코 없을 것만 같다. 그러나, 그렇지 않다. 우리가 인생을 수동적으로 살기 때문에 그런 생각을 하는 것이다. 니체는 각오와 의지만 있다면 누구나 그런 현재를 만들 수 있다고 말한다. 그 현재를 만들 소재가 무엇이든 상관없다.

좋아하는 사람이 내 시시한 농담에 웃어 준 순간.

자리를 양보하고 고맙다는 인사를 받은 순간.

우연히 올려다본 하늘이 너무 파래서 숨이 막혔던 순간.

일상적으로 누구나 당연히 경험하는 이런 순간이라도 괜찮다. 그 순간현재을 놓치지 않고 진심으로 느끼며 스스로에게 "좋아!", "멋져!"라는 긍정적인 말을 해 주자. 만약 그것이 몇 억 년, 아니 몇 조 년의 아득한 시간이 흘러서도 다시 한 번 경험하고 싶을 만한 긍정, 즉 '진짜 긍정'이었다면 그것은 그 순간만의 긍정으로 끝나지 않고 태양계, 은하계를 포함한 생멸하는 모든 우주, 즉 영겁회귀 그 자체의 긍정이 될 수 있다. 영겁회귀가 있는 덕분에 다시금 그 현재를, 그 사건을, 그 사람을 만날 수 있기 때문에.

지금 이 순간을 사랑하는 것은 영겁회귀의 우주최악의 허무주의를 사랑하는 것과 같다.

강한 의지로 현재를 긍정하고 영겁회귀를 받아들이며 사는 인간

"이런 인간이야말로 20세기로부터 200년쯤 지속될 허무주의의 시대를 타개할 새로운 인류다."라고 니체는 강력히 호소했다.

영겁회귀에 대한
비판

지금까지 살펴본 니체의 영겁회귀 철학, 어떤가? 상당히 낭만적이라고도 말할 수 있을 것이다. 그러나 그 낭만이 약간 지나친 것 같기도 하다. 결국 니체가 하려던 말은 현재를 긍정하며 살아가자는 것인데, 그 말을 하려고 굳이 '우주가 영원히 회귀한다.'라는 가설까지 끄집어내는 것은 조금 과하게 느껴지기도 한다.

게다가 영겁회귀의 결론을 도출하는 과정 중에도 반박하고 싶은 부분이 한두 군데가 아니다. 예를 들어 '유한한 공간에 유한개의 물질이 있을 때, 공간 안에서 발생하는 물질의 조합은 유한하다.'라는 전제부터가 틀렸다. 사실 10제곱미터의 당구대 위에 10개의 당구공이 굴러가는 경우에도 공 위치의 조합은 무한하다.

왜냐하면 공의 위치는 무한한 미세함을 포함하기 때문이다. 즉 하나의 공은 왼쪽 벽 위로부터 5미터 지점에 위치할 수도 있고 5.00001미터 지점에 위치할 수도 있고, 5.00000000001미터 지점에 위치할 수도 있다. 이런 미세한 차이까지 고려하면 공 위치의 조합은 무한해진다. 공의 위치 조합은 결코 '유한'하지 않다.

5.00001미터든 5.00000000001미터든, 큰 차이가 아니니 똑같다고 보아도 되지 않느냐고 말할 사람도 있겠지만, 현대 과학의 카오스 이론은 극히 적은 차이라도 시간이 흐르면 거대한 효과를 발휘해 결국은 전혀 다른 미래를 야기한다는 사실을 밝혀냈다. 소위 말하는 나비효과처럼, 정글의

나비 한 마리가 팔랑거린 날갯짓이 뉴욕 한가운데로 태풍을 상륙시킬 수도 있는 것이다.

어쨌든 공의 위치 조합이 무한하다면 공의 미래도 무한하므로, 필연적으로 모든 사건이 영원히 반복된다는 이론은 무너지고 만다. 그 외에도 이런 반박이 가능하다.

"현대 과학에서는 가설에 있어서, 세계를 '양자' 또는 '끈'과 같은 것으로 이루어졌다고 이해하며 '당구공'처럼 단순한 것으로 보지 않는다. 시대에 뒤떨어진 그런 가설로는 어떤 결론을 내리든 아무 의미가 없다."
"같은 사건이 영원히 반복된다는 것이 사실이라면 '현재를 긍정하느냐 마느냐' 하는 것도 그 반복에 포함될 것이다. 그렇다면 현재를 긍정하자는 충고 자체가 무의미하다."

니체가 남긴 글을 현대인의 눈으로 보면 이처럼 여기저기서 결함을 발견할 수 있다. 그래도 굳이 이렇게 말하고 싶다. 그런 오류는 "문제될 것이 전혀 없다."라고. 사실 그런 '자잘한 오류'는 별로 중요하지 않다. 니체 스스로도 영겁회귀를 처음부터 허구로 생각하여 '성스러운 거짓말'이라고까지 불렀기 때문이다.

즉 니체의 목적은 '상상 가능한 최악의 허무주의기존의 가치관이 모두 붕괴되는 상황를 상정하고, 그런 상황에서도 긍정적으로 살아갈 방법을 생각해내는 것'이었다. 다시 말해, 최악의 경우에도 효과를 발휘할 새로운 철학을 제시하는 것이 진짜 목적이었으므로 그 최악의 경우가 허구여도 아무 상관이 없는 것이다. 극단적으로 말해 완전히 헛소리여도 괜찮다. 영겁회귀에 촘촘한 논리를 요구하기보다는 영겁회귀에서 도출된 '새로운 철학'의 효력에 주목해야 한다는 의미다.

그렇다면 철학이란 무엇인가

갑자기 이야기의 흐름을 끊는 것일 수 있으나, 이 시점에 중요한 질문을 던져야겠다. '철학은 무엇인가?'에 대한 물음 말이다. 물론 여기에는 다양한 답이 있다. 하지만 대개는 아마도 아래와 같은 무난한 답변을 내놓을 것이다.

"누구나 수긍할 수밖에 없는 강력한 설명(원리)을 찾는 것."
"생각하는 행위, 그 모두가 철학이다."

그러나 이 책에서는 철학을 다음과 같이 정의하고 싶다.

철학이란 가치를 생각하는 일이다. 전에 없던 새로운 가치를 만들어내거나 기존 가치의 정체를 규명하는 일이다.

더 짧게는 '철학이란 새로운 가치를 발견하는 행위'라 할 수 있고, 더 멋지게는 '혼돈의 암흑에서 빛을 끌어내는 행위'라고도 할 수 있다(혹시 가치라는 말이 쉽사리 감이 오지 않는다면 의미, 개념, 관점, 분별, 공리 등의 말로 바꾸어 생각해도 좋다).

좀 더 풀어서 설명해 보자. 가령 어떤 가치관 X를 '상식'으로 공유하는 집단이 있다고 하자. 그들은 왜 가치관 X를 상식으로 선택했을까? 답은 간단하다. 가치관 X가 그 집단의 구성원들이 태어나기 전부터 존재했기 때문이다. 아주 어릴 때부터 이미 존재했던 사고방식이므로 그들이 그것을 상식으로 여기는 일은 오히려 당연하다.

그러나 역설하면, 그 가치관은 어디까지나 몇 세대 전의 것이다. 그래서 그들의 세대에는 통용되지 않을 수 있다. 그러므로 현 세대에 맞는 새로운 가치관을 누군가가 만들어내야 할 텐데, 그런 일은 평범한 사람은 거의 할 수 없는, 아니 아무도 하려 하지 않는 일이다. X는 그들에게 '당연한 생각 상식'이기 때문이다. 그래도 괜찮다. 극소수의 사람이 모두를 대신해 그 당연한 것에 맞설 테니까. 그 사람들은 못 말리는 괴짜, 신경질 환자, 사회적 낙오자다. 혼자 튀는 통에 어찌해 볼 도리가 없는 사람들. 누가 부탁한 것도 아닌데 그들은 스스로 나서서 X를 의심하기 시작한다.

"다들 X라고 말하지만, 저는 그렇게 생각하지 않습니다."

"X라고? 왜 X야? 난 전혀 이해가 안 된다고! 왜들 그래? 대체 왜 그러는 거야! 아부나 해 대는 바보들! 답답해 미치겠어!"

"어, 어쩌면, 제, 제가 불행한 것은 X 때문이 아닐까요?"

집단 내의 대다수가 '그렇다'고 하니 순순히 "그렇구나." 수긍하면 될 텐데 그들은 그러지 못한다. 그들은 당연한 것에 의문과 불쾌감을 느낀다. 그래서 그들은 생각한다. 결국은 생각하고 만다. 거기에 인생 전체를 쏟아붓기 시작한다. 그리고 그로 인해 전혀 다른 결론에 도달한다.

X가 아닌, Y여도 괜찮지 않을까?

그것은 새로운 개념이다. 그들은 집단 내에 존재하지 않았던 '새로운 가치관 Y'를 만들어낸다. 물론 그것은 보통 사람으로서는 받아들이기 어려운 가치관이다. 상식을 부정한 비상식적 가치관이기 때문이다. 그러나 지금의 상식낡은 가치관 X도 시간이 흐를수록 '시대와의 격차'가 점점 커질 것이고, 언젠가 그 격차가 치명적인 문제로 밝혀지는 날이 온다. 그때가 되면 사람들도 드디어 깨달을 것이다.

"그렇구나. Y라는 새로운 사고방식이 있었어!"
"X의 문제가 밝혀지기 전부터 Y를 생각해낸 ○○는 대단하구나!"

이리하여 주머니 속의 못처럼 혼자 튀던 사람이 영웅이 되고, 그가 주장한 비상식적인 개념은 새로운 시대의 상식이 된다. Y도 언젠가는 "Z가 더 낫다."는 말과 함께 사라질 운명이긴 하지만 어쨌든 이와 같은 일련의 행위, 즉 구세대의 가치관을 의심하고 새로운 가치관을 만들어내는 것이야말로 '철학'이다. 이 정의에 따르면 니체의 영겁회귀 철학, 즉 현재를 긍정하며 살아가자는 주장은 참으로 위대한 철학이다. 니체의 시대에는 '현재에서 특별한 가치의미를 찾는다'는 생각은 비상식, 즉 당시 세계에 존재하지 않았던 가치관이기 때문이다.

아니, 그것은 현대까지도 비상식적으로 남아 있는지 모른다. 물론 요즘은 '현재를 소중히 하라'는 말을 어디에서나 쉽게 보고 들을 수 있다. 그러나 실제로 현재를 자각하고 긍정적으로 만끽하며 사는 사람은 극소수다. 대부분은 '현재', '지금 이 순간'을 소홀히 여기고 살아간다. 왜냐하면 우리가 배운 상식태어날 때부터 통용되었던 사고방식이 기본적으로 '미래'에서 가치를 찾는 유형이기 때문이다.

목표, 이상, 행복 등 '가치 있는 것', '지향해야 할 것'은 전부 미래에 있다. 논리적이고 합리적이라 여겨지는 이러한 사고방식, 즉 서양적인 사고방식을 우리는 어릴 때부터 근대 교육이라는 이름으로 철저히 주입받았다. 물론 그 덕분에 우리가 미래를 위해 부단히 노력하거나 꿈을 이룰 방법을 고민하는 것은 무척 소중한 일이다. 그러나 만약 그 미래가 사라진다면 어떻게 될까?

여기에 대단히 불행한 남자가 있다고 하자. 그는 하는 일마다 실패하고 사람들에게는 이유 없이 미움을 받으며, 사랑하는 사람도 떠나보낸 데다 결국은 병까지 얻어 몸져눕고만, 그야말로 최악의 상황에 처해 있다. 그가 만약 그런 상황에서 서양적 사고를 한다면 필시 '미래'를 위한 해결책을 찾아 나서야 할 것이다.

포기하지 마. 어떻게든 이 위기를 극복할 방법을 생각하자.

그래서 백방으로 노력하겠지만, 세상에는 정말 어쩔 수 없는 일이 있다. 잃어버린 건강이나 신용은 그리 간단히 돌아오지 않고, 혼자 힘으로 도저히 해결할 수 없는 일도 한둘이 아니다. 노력한다고 해서 반드시 문제가 해결되는 것은 아니라는 것이다. 그래도 그는 '미래'에 문제가 해결되기를 바란다. 그는 그것밖에 알지 못하기 때문이다. 그래서 그는 해결을 바라면서도 그런 미래를 실현할 수 없는 자기 자신을 실패자로 규정한다.

그러나 그것은 마치 아름드리나무를 맨손으로 쓰러뜨리지 못했다고 해서 자신을 무가치하게 여기는 것과 같다. 그래도 그것이 그의, 아니 '그의 시대'의 가치관이기 때문에 어쩔 수 없다. 그는 자신을 비참하고 무능한 패잔병이자 불행한 사나이로 자조한다. 그런 고민 탓인지 건강은 점점 악화되고 그는 결국 시한부 선고를 받는다. 마침내 미래까지 빼앗긴 절망적 상황에서 그는 과연 어떻게 해야 좋을까? 만약 그가 예전 같은 가치관으로 정신의 안정을 꾀한다면 억지로라도 미래를 만들어내야 한다. 가령, 기적이 일어나 목숨을 건진다거나 죽은 후 사후 세계로 가서 행복한 삶을 시작한다고 믿는 것이다.

그러나 사람은 그리 어리석지 않다. 사회 전체가 그렇게 믿었던 옛날이라면 모르지만 현대인은 그런 꿈같은 이야기를 믿지 않는다. 기껏해야 속는 척하는 정도일 것이다. 상황이 이쯤 되면 미래에서 가치를 찾는 사고방식은 전혀 도움이 되지 않는다. 아니 오히려 해롭다고 해야 할 것이다. 그에게 기존의 가치관상식밖에 없다면 자신에게서나 세상에서나 아무런 가치미래를 찾지 못한 채 비참하게 인생을 마감하는 수밖에 없는 것이다.

하지만 어느 날 문득, 이 불행한 남자는 극심한 고통을 느끼던 중에 자신의 절망적인 상황을 돌아보고 "뭐, 정말 어떻게 할 길이 없잖아!"라며 웃음을 터뜨렸다. 상황이 너무 원망스러워 헛웃음이 나온 것이다. 이것은 누구나 경험할 수 있는 일상적인 장면이다. 지금까지도 그러했고 앞으로도 일어날 수 있는 평범한 사건이다. 그러나 그는 불현듯 너무도 놀랐다. '이렇게 불행하고 비참하고, 조금 있으면 죽을지도 모르는 상황에서도 웃음이 터져 나올 수 있다니. 나도 참 대단하구나.'

자, 이 순간을 놓치지 말자. 한순간에 느낀 '현재'의 가치를 움켜쥐고 "좋다!"라고 긍정해야 한다. 그리고 자문해 보자. 지금과 똑같은 순간을 한 번 더 경험하길 원하냐고. 만약 그 긍정이 진실하다면 이 사람은 회귀를 선택할 것이다.

설사 똑같은 인생이 다시 시작되고 같은 불행을 경험한다 해도 상관없어. 이만큼 고난에 시달리고 아무 희망도 없는 상황에서도 웃을 수 있는, 그런 '멋진 나'를 만날 수만 있다면.

같은 불행을 겪어도 이런 나 자신을 다시 만나고 싶다. 그만큼 현재의 자신, 현재의 사건이 자랑스러웠다면 그는 자기 인생 자체를 긍정한 것이다. 이 삶이 반복되어도 좋다고 여길 만한 인생이었다는 뜻이니까. 그래서 그는 자신을 이렇게 규정한다.

나는 반복되어도 좋다고 여길 만한 인생을 살았던 행복한 사람이다.

낡은 가치관 속에서는 더없이 불행했던 사람이지만, 새로운 가치관 안에서는 행복해질 수 있다. 상식적인 사고방식, 즉 시간을 직선적인 개념으로 이해하는 서양적인 가치관으로는 해결할 수 없었던 불행도 새로운 사고방식과 새로운 철학을 도입하면 행복으로 바뀐다.

> 불가능한 꿈과 이상을 내세우며
> 좀 더 달리라고 등을 떠미는 것에는 이미 질렸다.

흔히들 '희망은 있다, 그러므로 그것을 지향하라, 힘을 내라, 포기하지 마라, 미래를 믿어라.'라고 하지만, 해결될 가망이 없는 문제도 있고 좋을 대로 꾸며 낸 미래를 믿지 못하는 사람도 있다. 이런 사람들에게 서양적 가치관은 답답할 뿐이다. 그리고 니체가 그들을 대신해 낡은 가치관상식을 의심하기 시작했다. 그는 새로운 가치관을 이렇게 표현한다.

> 미래에 자신이 어떻게 되느냐는 중요하지 않다.
> 그보다 지금 이 순간 자신이 어떠한가, 그것이 중요하다.

'어떻게 되느냐어떻게 진보하느냐'에서 '지금 어떠한가어떤 존재인가'로의 전환. 그것은 지구에 어마어마한 운석이 떨어져 모든 것이 끝날 듯한 상황에서도 여전히 혼란에 빠지지 않고 인생을 긍정하게 만들 만한 새로운 사고방식이다. 어떻게 진보하느냐를 우선하는 과거의 가치관이 쓸모를 잃은 뒤에 그 자리를 대신할 미래의 가치관이다.

경이와 찬탄을 금할 수 없다. 누군가 100년 전에 이미 서양적 가치관이라는 최강자에 홀로 맞섰다는 사실에. 요컨대 니체가 했던 일은 몇 천 년이 넘도록 면면히 이어져 온 상식가치관에의 반역이며, 전복이며, 혁명이었다. 그는 '이상눈에 보이지 않는 무언가을 믿고 그것을 향해 나아가는 삶이 훌륭하다는 가치관'이 무너질 것을 예견하고 그것을 대신할 새로운 가치관, 이상의 허위가 만천하에 드러나 아무도 그것을 지향하지 않는 허무주의의 세계로 쫓겨나더라도 모두가 담대하게 살아갈 수 있게 할 새로운 사고방식을 찾아냈다.

그러나 그의 시도는 당시의 상황을 떠올려 단순하게 생각하면, 무언가 적절하지 않은 느낌을 주기도 한다. 당시 그가 무직의 백수건달이었기 때문이다. 본디 니체는 젊은 나이에 문헌학 교수가 될 만큼 우수한 인재였다. 그렇게 문헌학 전문가다운 연구만 착실히 임했으면 좋았을 텐데, 고대 문헌에서 당시 사람들이 잃어버렸던 정신을 발견하고 그것을 되돌리자고 열정적으로 호소하는 글을 논문에 싣고 말았다. 게다가 자신이 좋아하는 예술가 리하르트 바그너Richard Wagner의 음악이 그 정신을 체현사상이나 관념 따위의 정신적인 것을 구체적인 형태나 행동으로 표현·실현함했다는 말까지 해서 동료들로부터 따돌림을 받았다.

니체는 이러한 일련의 사건들을 거치며 대학 생활에 염증을 느낀 데다 건강상의 이유까지 더해져, 결국 자의 반 타의 반으로 대학을 떠나 실업자로 전락했다. 요즘 말로 큰 사고를 친 것이다. 젊은 객기로 저지른 일 때문에 사회에서 추방당하고 무직이 된 남자. 그런 그가 허무주의기존의 가치관이 붕괴된 후의 세계를 생각하다니 좀체 어울리지 않는다. 스스로는 아무 생산성도 없고 사회적인 공헌도 하지 못했기 때문이다. 그것은 오늘날로 말하자면, 무직인 사람이 세상을 걱정하며 사회와 정치를 비판하는 글을 끊임없이 인터넷에 올리는 것처럼 '딱한' 일이다.

그러나 오해는 하지 말자. 니체는 평범한 실업자와는 사유의 폭이 달랐다. 그는 200년 후의 인류를 괴롭힐 정신의 병을 해결하려 했고, 서양 세계의 가치관을 뒤엎으려 했다. 니체는 종교_{신, 궁극의 이상}가 인류의 정신 안정제로서의 역할을 잃어버릴 것을 내다보고 그것을 대신할 새로운 인생관, 새로운 성경을 쓰고자 했다.

그 정신에 우리는 경의를 표해야 한다. 아니, 우리는 이제 그것을 넘어서야 한다. 100년 전의 그가 200년 후를 생각하여 철학을 했듯이, 100년 후의 우리 역시 지금으로부터 200년 후의 인류를 생각하는 것이 옳다. 우리가 선인의 철학을 배워야 할 이유가 여기에 있다.

그렇다면 역사상 위대하다고 평가받은 철학자들은 어떤 사고방식으로 철학에 종사해 왔을까? 다음 장부터 우리는 먼 과거로 거슬러 올라가 근대 이후 출현한 위대한 철학자들의 사색을 살펴볼 것이다.

2

합리주의
철학

신앙이 붕괴되고 학문이 급속히 발전하는 역동의 시대가 열렸다. 신학에 의존하지 않아도 인간이 자기 힘으로 진리에 도달할 수 있다는 사고는 합리주의 철학을 여는 신호탄이었다. 인간과 세계는 어떠한 구도를 이루며 존재하는가, 인간은 무엇을 알 수 있으며 어디까지 발전할 수 있는가에 대한 치열한 논쟁이 가속화되었다.

데카르트

René Descartes 1596~1650

나는 생각한다
그러므로 존재한다

모든 것을 의심한다 해도
'의심하고 있는 내가 존재한다는 사실'을 의심할 수는 없다.

＊＊＊

근대 이후 철학의 흐름을 아주 간단하게 요약하면 다음과 같다. **"합리주의 ➡ 실존주의 ➡ 구조주의 ➡ 포스트구조주의"** 이 흐름을 차례차례 살펴보자. 첫 번째는 합리주의다.

합리적
의문

과연 '합리'란 무엇일까? 합리란 말 그대로 '논리에 맞다'는 뜻으로, 합리주의는 논리에 맞는 것을 중시하는 사상을 말한다. 그런데 왜 합리가 철학의 중심이 되었을까? 그것은 이전 시대가 '신앙의 시대'였기 때문이다. 신앙의 시대란 서기 500년부터 1500년까지 대략 천 년 동안 이어진 소위 중세 시대를 가리킨다. 그간 기독교의 강한 영향 아래 있었던 서구세계에서는 모든 일이 신성서, 신학을 근거로 설명되었다. 그러나 교회의 권위가 실추된 후 '하나님의 말씀'을 믿지 못하게 된 서구인들은 '합리적인 사고에 근거해 무엇이 올바른지 스스로 판단하는 것이 낫다'는 지극히 당연한 사실을 깨달았다.

그로 인해 '이제 종교인의 말을 무조건 믿지 말고 고대 그리스인처럼 논리적으로 사고하는 학문을 부활시키자.'라는 르네상스 운동이 확산되었다. 즉, 전 시대에 논리적인 사고가 너무 빈약했던 것에 반발해 논리를 최고로 우선하는 철학이 유행한 것이다. 이런 점에서 당시 철학자들은 대단한 사

데카르트

람들이었다. 미신이 버젓이 통용되던 시대가 저물고 합리적인 사고를 지향하는 시대가 열리자 합리적 사고에 대한 의욕을 날로 높여 갔으며, 실제로도 합리적인 사색을 거듭해 과학이라는 학문을 급격히 발전시켰다.

그런데 그런 열의에 찬물을 끼얹듯 몇몇 철학자들은 굳이 이런 말을 하는 것이다.

인간은 무엇을 어디까지 인식할 수 있을까? 인간이 인식한 것은 정말로 옳은가? 사색을 시작하기 전에 그것부터 명확히 밝히자.

이 말을 비유하자면, 최신형 사진기를 장만하고 "좋아, 이걸로 경치를 이것저것 찍어야지!"라며 한껏 들떠 있는 사람에게 "아니 기다려 봐. 과연 그 사진기가 무엇을 찍는지, 세상을 정말로 정확히 찍는지부터 검증해 보자. 촬영은 그 후에 해도 늦지 않아."라고 말하는 것과 같다. 만약 여러분의 친구나 동료가 이렇게 말했다면, 쓸데없이 꼬치꼬치 따지지 말고 얼른 사진이나 찍자는 등의 시큰둥한 반응을 보일 것이다. 그러나 철학자는 기본적으로 분위기 파악을 전혀 못 하는 사람들이라, 대중이 아무리 열광해도 흔들리지 않고 근본적인 근거부터 다시 묻는다(그것이 철학자가 철학자인 이유겠지만).

잘 생각해 보면 철학자들의 질문은 지당하다. 만약 사진기가 망가졌다면 그것으로 찍은 사진에 대해서 무슨 말을 하든 아무 의미가 없기 때문이다. 그래서 "일단 이 사진기인간의 인식능력가 제대로 작동하는지 알아보자."라는 철학자의 말에는 올바른 사고의 순서를 반영한 합리적인 의문이 담겨 있다. 그리고 이들이 던진 다음과 같은 질문, 즉 철학적 논의를 '인식론'이라 한다.

1 인간의 인식은 옳은가?
2 옳다는 근거는 어디에 있는가?
3 인식에는 한계가 있는가?

'철학은 곧 인식론'이라 여겨질 만큼, 인식론은 철학의 오랜 핵심 주제다. 그리고 이 인식론을 처음 제기한 사람이 바로 근대 철학의 아버지라 불리는 데카르트다.

의심할 수 없는 진리

신앙이 붕괴되고 학문이 급속히 발전하는 역동적인 시대에 태어난 데카르트는 당시 잇따라 생겨난 수많은 학문 체계에 큰 의심을 품었다.

그 학문이 옳다는 사실을 과연 어떻게 증명할 수 있을까?

이것은 분명 매우 성가시고 수고로운 작업을 야기하는 질문이다. 겨우 교회라는 방해꾼이 사라지고 자유롭게 학문을 추구할 수 있는 시대가 왔

데카르트

으니, 그런 의문은 제쳐두고 모두 신나게 학문에 몰두하면 될 일이었다. 그러나 데카르트의 기질이 그것을 허락하지 않았다. 게다가 그는 본디 수학자였다. 데카르트는 '일단 A는 옳다. 그래서 B도 옳다.'라는 식으로, '확실히 옳은 것을 발판 삼아 논리적_{합리적}으로 옳은 명제를 하나하나 쌓아나가는 일'이 학문이라고 생각했다.

그 같은 데카르트의 생각은 옳다. 그런 세세한 과정을 대충 건너뛰면 학문_{특히 수학}은 결코 성립되지 않는다. '아마도 옳을 것이다.' 정도의 부실한 발판_{증명} 위에 학문_{수학}을 쌓는다면, 힘들게 쌓아올린 모든 것이 어느 날 갑자기 "미안해. 처음부터 틀렸어."라며 와르르 무너지고 말 것이다. 그렇기 때문에 데카르트는 학문의 정당성, 옳음을 보증할 수 있는 '확실히 옳은 것'을 찾는 일부터 시작하자고 호소한 것이다.

그러나 인간이란 종종 그릇된 판단을 하는 불완전한 존재다. 게다가 설사 확실히 옳은 것_{진리}이라 부를 만한 무언가가 있다고 해도, 과연 인식능력이 부족한 인간이 거기에 도달할 수 있을까? 어쩌면 인간의 인식은 왜곡되어 있어 세상의 진짜 모습을 오인하는 것일지도 모른다. 사진기의 비유에서 말했듯, 인간의 인식이 잘못되어 있다면 무슨 이야기를 해도 소용이 없다. 그래서 데카르트는 대담한 수법_{방법적 회의}을 고안했다.

인간의 인식을 처음부터 철저히 의심함으로써 그 타당성을 증명한다.
인간이 인식한 것을 의심하고 또 의심한 후, 그럼에도 불구하고 의심할 수 없는 것이 존재하는지 시험해 본다.

만약 이 방식을 통해 절대 의심할 수 없는 것을 찾아낸다면, 그것이야말로 인간이 '확실히 옳은 것'을 인식할 수 있다는 확실한 증명이 될 것이다 (절대 의심할 수 없는 것을 인식했으므로).

그러나 그것은 말처럼 간단하지 않았다. 오히려 의심하고 또 의심한 끝에 "인간의 인식은 전부 의심스럽다! 역시 인간의 인식은 옳지 않다."라는 결과가 나올 가능성도 높았다. 실제로 그럴 마음만 있으면 인간의 인식 따위는 얼마든지 의심할 수 있으니 말이다. 예를 들어, '눈앞에 사과가 있다'고 인식하더라도 우리는 그 인식을 얼마든지 의심할 수 있다. 그 사과는 환상일 뿐 실제로는 존재하지 않을지도 모르기 때문이다.

그렇다면 수학적 인식은 어떨까? '1+1=2, 오른쪽 사과 하나와 왼쪽 사과 하나를 합치면 사과가 둘이 된다.'라는 인식은 절대적으로 타당하여 의심할 수 없을 것만 같다. 하지만 우리는 꿈속에서 수학적으로 말이 되지 않는 일이 일어나도 당연하게 여길 때가 많다. 가령 사과 하나에 사과 하나를 더했더니 사과 세 개가 되는 꿈을 꾸어도 꿈속에서는 그 오류를 알아채지 못한다. 사실 1+1은 3인데 우리가 2라고 생각하도록 무언가에게 속임을 당하고 있는지도 모르는 것이다. 그래서 지금 이 세상이 꿈이 아니라고 확증할 수 없는 이상, 수학적인 인식조차 의심스럽다.

이런 식으로 잠시만 생각해 보면, 인간의 모든 인식을 얼마든지 의심할 수 있다는 사실을 알게 된다. 데카르트도 이 같은 사색을 통해 인간의 인식을 차례차례 의심했다. 사실 보통 사람이라면 여기서 포기했을 것이다. "애를 써 봤지만 인간의 인식 중에 절대적인 것은 없었다. 그러므로 인간은 진리결코 의심할 수 없는 것를 인식할 수 없다."라고 말이다.

그러나 데카르트는 오히려 거기서 회의懷疑, 상식적으로 자명한 일이나 전통적인 권위를 긍정하지 않고, 부정적인 태도로 의심하는 일를 가속했다!

어쩌면 악령이 인간에게 환각을 보여주었을지도 모른다. 그래서 우리는 잘못된 지식을 옳다고 믿는지도 모른다.

악령이라는 상식을 넘어선 존재가 있을지 모른다는 것은 분명 지나친 생각이다. 상식을 벗어나는 데다, 그런 식이라면 무슨 말을 하든지 "그것도 악령의 속임수인지 모르잖아!"라는 한마디로 부정할 수 있으니 말이다. 그래도 데카르트는 대충 넘어가거나 포기하지 않았다. 왜냐하면 그만큼 철저한 방법적 회의 후에도 여전히 타당하다고 말할 수 있는 것, 그것이야말로 '확실히 옳은 것'임을 알았기 때문이다. 그래서 끈질기게 생각한 끝에, 결국 '궁극의 회의'를 깨트릴 '궁극의 옳음'에 도달한다.

나는 생각한다. 그러므로 존재한다

이 말은 얼핏 별 뜻 없는 말로 들리지만, 그 진정한 의미는 다음과 같다.

1 인간의 모든 인식이 의심스럽다. 전부 착각일지도 모르고 꿈일지도 모른다. 악령의 속임수인지도 모른다. 인간의 인식은 얼마든지 의심받을 수 있다.
2 그러나 '내가 의심한다'는 사실 자체는 결코 의심할 수 없다.

3 왜냐하면 "의심하는 나 자신을 의심한다."라고 말할 때도 '의심한다'는 사실만은 확고하기 때문이다.

바로 이것이다. 아무리 모든 것을 의심한다 해도 '의심하는그렇게 생각하는 내가 존재한다는 사실'을 의심할 수는 없다. 이는 논리 구조상의 문제로서, 누구든 받아들일 수밖에 없는 결론이다. 정말 악령이 있어서 이 논리조차 그가 부린 속임수일지 모르지만 '속일 대상나'이 존재해야 악령도 속이는 행위를 할 수 있으므로 역시 '내가 존재한다'는 사실만은 의심의 여지가 없다. 이런 사고 과정에 의해 결국 데카르트는 '의심하는 나 자신생각하는 나이 존재한다.'라는 '절대 진리'에 도달했다.

하지만 냉정히 생각해 보면 고개를 살짝 갸웃거리게 되는 것도 사실이다. 물론 '나는 생각한다. 그러므로 존재한다.'라는 명제를 도출하는 과정은 너무도 정교하며, 사색만으로 확실히 옳은 것진리을 찾아내는 데 성공한 데카르트의 사고력 또한 놀랍다. 그러나 이것만으로 "인간의 인식은 옳다."라고 주장하기는 역시 무리다. 또 '확실히 옳은 것'을 찾아내기는 했지만 그것을 학문의 발판으로 삼기에는 부족해 보인다.

다시 말해 '나는 생각한다. 그러므로 존재한다.'라며 단순히 내가 존재하는 것을 확신했다고 해서 과연 무엇이 달라지냐는 것이다. 하지만 "그것으로는 아무 도움도 되지 않는다."라고 반박하기 전에 이야기를 조금 더 들어보자. 데카르트는 여기서 사색을 끝내지 않았다. 원래 그의 목적은 인간 인식의 정당성을 증명하는 것, 그리고 학문의 정당성을 증명하는 것이었다. 이 목적을 이루기 위해 데카르트는 '나는 생각한다. 그러므로 존재한다.'라는 절대적인 진리의 발판이 필요했던 것뿐이다. 데카르트의 진면목은 지금부터 발휘된다.

4 그러므로 '생각하는 나'는 확실히 존재한다.

5 그리고 그런 나는 '신'이라는 존재를 인식한다.

6 그런데 신은 완전하고 무한한 존재이며, 나는 불완전하고 유한한 존재다. 그런 내가 신을 인식한다니 말이 안 된다.

7 따라서 '신'이라는 개념은 내가 생각해낸 것이 아니라 '나의 외부'에서 주어진 것이다.

8 그러므로 신가장 완전한 존재자은 존재한다.

이것이 저 유명한 '데카르트의 신의 존재 증명'이다.

'작은 자(인간)'는 '큰 자'(신)를 알 수 없다. 자신보다 '거대하기' 때문이다! 그런데도 어떻게 작은 자가 큰 자를 알고 있을까. 그것은 큰 자가 어딘가에 존재하면서 자신의 존재를 작은 자에게 가르쳐 주었기 때문이다. 그렇지 않으면 작은 자가 큰 자를 아는 이유를 설명할 수 없다.

데카르트는 이야기를 계속한다.

9 그래서 신은 확실히 존재한다.

10 신이 확실히 존재하므로 세상은 대충 만들어지지 않고 정확하고 합리

적으로 만들어졌다. 또 신은 인간을 속이거나 인간에게 일부러 잘못된 인식을 심어주지 않는다(신은 완벽히 옳은 존재이므로).

11 따라서 인간이 '명석한 상태_{정신이 맑다고 강하게 자각하는 상태}'에서 인식한 것은 확실히 옳다.

이상이 데카르트의 증명인데, 요약하자면 '신이 인간을 제대로 만들었으므로 인간의 인식은 옳다.'라는 이야기다. 이 증명에 따르면 인간은 옳은 인식_{주관}으로 세상_{객관}을 정확하게 이해하고 있으며, 그런 인간이 자신의 인식 위에 쌓아올린 학문 역시 옳다고 할 수 있다. 데카르트는 이런 방식으로 당시 최대의 화두였던 '인간의 인식과 학문의 정당성'을 멋지게 증명해 냈다.

그런데 여러분은 데카르트의 논리를 어떻게 생각하는가? 벌써 눈치챘을지도 모르지만, 이 증명은 평판이 매우 나쁘다. '나는 생각한다. 그러므로 존재한다.'까지는 좋았다. 완벽할 정도로 논리적이고 설득력이 있어 이 논리를 처음 듣고 그 정교함에 탄복하는 사람도 적지 않다. 그러나 그 뒷부분은 깜짝 놀랄 만큼 허술하다. 갑자기 '나는 신의 존재를 알고 있는데, 불완전한 내가 완전한 신을 아는 것이 이상하다.'라는 쉽게 동의할 수 없는 문장을 증명의 전제로 아무렇지 않게 집어넣고 있다. 이는 명백한 논리 비약이다. 사회 전체가 신을 의심 없이 믿었던 옛날이라면 모를까, 지금의 현대인에게 이 문장은 설득력이 없다. 심지어 데카르트는 그다음에 영혼의 존재까지 언급한다.

인간의 정신은 무한한 존재인 신을 알 수 있을 만큼 불가사의하므로, 유한한 존재인 물질(육체)을 넘어선 것, 비물질적인 것일 수밖에 없다.

이것이 데카르트가 말하는 '영혼의 존재 근거'인데, 이쯤 되면 지나치게 신비주의적이라 좀처럼 받아들이기 어렵다. 적어도 '누구나 수긍할 만한 설득력 있는 논리 증명'이라고는 할 수 없다. 때문에 데카르트의 논리 중 후반부의 평판이 매우 나쁜 것이다.

실제로 대부분의 철학 입문서가 이를 비판한다. 예를 들어 "인식의 타당성을 증명하기 위해 신을 언급하다니, 그야말로 황당하다.", "옛날 사람이니까 이 부분은 그냥 넘어가자.", "그래도 철학사는 이 괴이한 주장에 반론하는 형태로 발전해 왔다." 대략 이런 식이다. 실소를 섞어가며 이 부분을 어물쩍 넘어가거나, 아니면 완전히 무시하고 '나는 생각한다. 그러므로 존재한다.'만을 설명한 뒤 "데카르트는 대단해!"라며 끝내는 것이 고작이다. 그러나 이 책에서는 악명 높은 '신의 존재 증명'을 본격적으로 다루어, 데카르트의 진정한 가치, 그리고 그의 주장에 담긴 뛰어난 통찰을 재조명하려 한다.

신의 존재 증명,
무한을 말하다

개인적으로는 신의 존재 증명을 많은 사람이 혹평하는 가장 큰 이유가, 데카르트가 사람마다 달리 정의할 수 있는 '신'이라는 단어를 사용한 데 있다고 생각한다. 사실 이 글을 읽는 독자도 "신의 존재를 알고 있습니까?"라는 질문을 갑작스럽게 받는다면 "네? 무슨 말씀이시죠? 대체 어떤 신이요?"라고 되물을 것이다. 그런 모호한 말을 논리적 증명에 끌어들이면 아무래도 신뢰성이 떨어지기 마련이다.

그러므로 뜻이 모호한 '신'이라는 말 대신, 뜻이 분명한 '무한'이라는 말을 써 보자. 그렇다면 데카르트의 주장은 이렇게 바뀔 것이다.

인간은 '무한'의 개념을 알고 있다. 인간의 사고는 유한한 물질로 이루어진 '뇌'라는 기계의 계산 결과에 불과하다는 것이 상식이지만, 과연 이런 기계 (뇌)의 내부에 무한이라는 개념을 집어넣을 수 있을까?

자, 어떤가? 신을 무한이라는 말로 바꾸고 문장을 약간 현대적으로 다듬었지만 내용은 데카르트의 주장과 동일하다. 이 문장을 보면 데카르트가 말도 안 되는 소리를 한 것이 아님을 알 수 있다. 여러분은 이 질문에 명쾌하게 답변할 수 있는가? 아마 쉽지 않을 것이다. 이것은 현대의 천재 물리학자, 수학자, 논리학자들도 아직 답을 내지 못한 최대의 난제이기 때문이다.

여기서 물리학자 한 사람을 소개해 보겠다. 로저 펜로즈Roger Penrose, '휠체어의 물리학자'로 유명한 호킹 박사와 함께 '블랙홀'과 '특이점'을 연구하여 울프상Wolf Prize을 수상한 천재 물리학자다. 참고로 울프상은 노벨상에 버금가는 권위를 지닌 상으로 '예비 노벨상'으로도 불린다. 노벨상은 실험으로 입증할 수 없는 물리학 연구는 취급하지 않으므로 호킹 박사 등이 속한 분야에서는 울프상이 최고의 상이라 할 수 있다. 그런 그가 어느 날《황제의 새 마음》1989년이라는 저서를 통해 전 세계에 이렇게 호소했다.

인간의 정신(사고)은 뇌세포의 기계적 동작만으로는 설명할 수 없다. 그러므로 지금의 과학 상식을 넘어선 미지의 개념을 도입할 필요가 있다.

매우 뜻밖의 주장이다. 인간의 사고는 뇌라는 기계의 복잡한 정보처리 과정에 불과하지 않은가? 대체 이 무슨 말도 안 되는 이야기일까? 만약 평범한 아저씨가 이런 말을 했다면 모두가 헛소리라며 웃어넘기고 말았을 것이다. 그러나 펜로즈는 디랙상Dirac Prize, 하이네만상Heinemann Award 등 이름 있는 상을 휩쓴 천재 물리학자다. 당연히 학계는 떠들썩해졌고 각 분야의 저명한 학자들을 중심으로 다양한 토론이 벌어졌다. 이 같은 논쟁을 야기한 펜로즈의 주장을 간단히 요약하면 다음과 같다.

1 정보를 처리하는 기계계산기는 전부 '튜링 머신'이라 불리는 수학적 계산기로 표현할 수 있다 튜링 머신을 잘 모르는 사람은 '아주 거대한 메모리와 하드디스크를 갖고 있으며 계산이 엄청나게 빠른 슈퍼컴퓨터'라고 단순히 생각하자.

제2장 l 합리주의 철학

2 튜링 머신은 이론상 더 좋은 성능의 컴퓨터가 존재하지 않을 만큼 이상화된 '궁극의 컴퓨터'이므로, 튜링 머신이 풀 수 없는 문제는 다른 어떤 계산기도 풀 수 없다.

3 튜링 머신이 풀 수 없는 문제가 다수 존재한다는 사실이 수학적으로 증명되어 있다. 그것은 '무한'에 관한 문제다.

여기까지는 펜로즈가 생각해낸 것이 아니라 이미 증명된 사실로, 과거부터 학계에서 유명한 명제다. 즉, 현실의 계산기의 한계를 알아보기 위해 우선 궁극의 기계를 상정한 뒤 그 한계를 시험한 결과, 그것이 무한에 관한 문제를 풀 수 없다는 사실이 수학적으로 증명된 것이다. 이를 전제로 펜로즈는 다음과 같은 논리를 전개했다.

4 튜링 머신의 사례를 보면 알 수 있듯이, 계산기는 무한의 개념을 연산에 적용하는 데 문제가 있다. 그러나 인간은 '무한에 관한 문제'를 쉽게 풀 수 있다. 따라서 인간의 사고는 계산기기계의 원리로 성립되지 않는다.

5 인간의 사고는 뇌라는 물리학 기계의 동작만으로는 설명할 수 없으므로 무언가 '미지의 요소'를 도입해야 설명할 수 있다.

상당히 엉성한 설명이라 양해를 구한다. 어쨌든 요점만 소개하면 대략 이렇다. 원래 계산기컴퓨터란 미리 정한 순서에 따라 우직하게 수치 연산을 실시하고, 일정한 조건이 충족되었을 때 그 계산 결과를 외부로 출력하는 물건이다. 톱니바퀴로 구성되었든, 전기회로로 구성되었든, 뇌세포로 구성되었든 원리는 다 똑같다. 계산기물질을 조합해 만든 정보처리 기계는 이러한 원리로 작동하기 때문에, 무한에 관한 문제가 주어지면 어디서 계산을 멈추어야 할지 몰라 계산을 영원히 반복한다. 그러나 인간은 무한에 관한 문제가 갑자기 주어지더라도 "어? 이건 안 돼. 아무리 계산해도 답이 안 나와."라는 결론을 순식간에 내린다.

그 구체적인 예는 펜로즈가 쓴 책에 다수 등장하는데, 그중 하나를 소개하자면 '두 짝수의 합으로 이루어진 홀수를 구하라.'라는 문제가 있다. 사람이라면 "응? 짝수와 짝수를 더하면 짝수만 나오지. 모든 짝수를 더해 답을 구하는 건 시간 낭비야."라고 곧바로 결론을 내리겠지만, 컴퓨터는 모든 짝수를 더해서 홀수가 나오는 경우를 계산으로 확인하려 한다. 컴퓨터는 그 방법밖에 모르는 것이다. 사람처럼 판단하려면, 컴퓨터가 자연수라는 개념을 알아야 할 텐데 유한한 계산을 반복하기만 하는 기계에게 자연수무한에 가까운 수의 개념을 가르칠 수 있을까? 펜로즈는 그것이 불가능하다고 강력히 주장한다.

톱니바퀴나 전기회로나 뇌세포를 아무리 복잡하게 연결해도 절대로 풀 수 없는 문제를 사람은 '그냥' 안다. 그러므로 인간의 '사고, 지성, 마음, 정신'은 단순한 기계적 요소를 넘어선 '무언가'로 이루어져 있는 것이 분명하다. 그렇다면 그 무언가(이것을 '철학적 요소'로 부른다고 치고)의 정체는 과연 무엇일까?

물론 과학자인 펜로즈는 '신'이니 '영혼'이니 하는 이야기는 하지 않았다. 대신 '양자역학양자론'이라는, 현대 과학에서도 아직 완전히 해명되지 않은 불가사의한 물리현상에서 답을 찾았다. 즉 뇌는 톱니바퀴나 전기회로처럼 기계적 동작을 반복하지 않으며, 뇌 속에서는 양자역학적인 현상^{무한한 가능성 중에서 하나의 상태가 순식간에 선택된다는, 고전적 물리학으로는 설명할 수 없는 현상}이 일어나고 있다는 것이다. 그런 작용에 의해 인간의 사고가 성립된다는 것이 펜로즈의 가설이다.

이 대담한 가설은 맞을 수도 있고 틀릴 수도 있다. 그 진위는 일단 제쳐 두더라도, 어쨌든 그 가설의 출발점이 데카르트의 의문과 무척 비슷하다는 것만은 분명하다. 데카르트는 '유한개의 물질 조합으로 이루어진 유한한 존재에 불과한 인간이, 무한하고 완전한 존재인 신을 어떻게 알고 상상하느냐?'라는 문제를 제기했다. 그 불가사의함에 비추어 보면, 육체^뇌에는 우리가 아직 모르는 비밀이 숨겨져 있을 것이라고 짐작하는 것도 무리가 아니다.

게다가 곰곰이 생각할수록 우리 인간의 인식에는 무한이라는 개념이 깊이 관여하고 있는 듯하다. 가령 우리는 '동그라미'라는 말을 일상적으로 사용하는데, 그것은 소위 '원', '완전히 둥근 도형', 즉 '무한히 이상에 가까운 동그라미'를 의미한다. 그러나 현실에는 무한히 이상에 가까운 동그라미가 존재하지 않는다. 본 적도 없는 것을 인간은 어떻게 아는 걸까? 어쩌면 뇌의 외부에 그것을 가르쳐 준 불가사의한 무언가^{신, 이데아, 이상적 동그라미}가 존재하는지도 모르고, 양자역학의 불가사의한 작용이 우리의 정보처리에 영향을 미치는지도 모른다. 그것도 아니면 반대로, 모든 것이 우리의 착각이고 사실은 무한을 취급할 수 있는 기계가 존재하는지도 모르겠다.

답이 무엇이든, 데카르트가 그런 질문을 도출한 것 자체가 대단하다. 왜냐하면 그가 그 질문을 던진 덕분에 사람들은 "과연 불가사의하다. 어떻게 된 걸까? 알고 싶다!"라는 열의를 불태우기 시작했고, 그 열의 덕분에 학문이 발전했기 때문이다. 만약 우리가 데카르트와 같은 시대에 태어났다면 그런 질문을 던질 수 있었을까? 세상을 당연하게 보고, 신과 도형을 당연하게 생각하며 아무 의문도 없이 생애를 마치지 않았을까?

그렇기에 우리는 결코 데카르트의 신의 존재 증명과 그의 철학적 통찰을 비웃을 수 없다. 철학자란 이처럼, 아무도 알아채지 못한 것을 알아채는 사람들이다. 게다가 그들이 알아챈 것은 전부 "듣고 보니 그렇군. 과연 어떻게 된 걸까?"라고 누구나 고개를 갸웃거릴 만한 사실이다. 그것이 철학자의 사명이자 위대한 점이라고 한다면 데카르트는 누구보다 '위대한 철학자'임에 틀림없다.

흄

David Hume 1711~1776

신 또한 경험에서 생겨난
개념에 불과하다

우주의 절대적 법칙에 따른 절대적 옳음이란 존재하지 않는다.
이것이 '옳다'는 판단은 인간이라는 경험하는 기계가
제멋대로 자기 안에 만들어낸 인상에 불과하다.

* * *

　'나는 생각한다. 그러므로 나는 존재한다.' 데카르트가 도달한 이 절대적 진리는 서양 세계에 엄청난 충격을 안겼다. 과거의 가치관에 의하면 인간 따위는 신의 도움 없이 어떤 진리도 깨달을 수 없는 존재다. 그러나 데카르트는 자신의 이성만으로 '절대 확실한 진리누구나 승복할 만한 옳은 것'를 도출했다. 그것은 신학에 의존하지 않아도 인간이 자기 힘으로 진리에 도달할 수 있다는 의미다. 더 나아가 데카르트는 "인간의 정신은 세계객관를 바르게 인식하기 위한 확실한 능력주관을 갖추었다. 더 나아가 그것은 육체를 넘어선 존재, 비물질적 존재다."라고 말했다.

　그처럼 훌륭한 정신생각하는 나 자신을 갖추었으므로 이제 인간은 종교인의 눈치를 일일이 볼 필요가 없다. 자신의 정신으로 합리적으로 사고하고, 과학이라는 새로운 학문을 발전시켜 세상의 진리를 차례차례 알아내면 되는 것이다. 데카르트의 철학은 당시 사람들에게 이런 희망을 주었는데, 이것은 그야말로 신앙의 시대를 끝내고 합리적인 정신이 활약할 '근대'라는 새 시대를 열기에 가장 적합한 철학이었다.

　그러나 한편, 데카르트가 인간의 정신을 과대평가했다고 생각하는 사람도 있었을지 모르겠다. 역사적으로도 이런 획기적인 사상이 전개된 후에는 반드시 찬물을 끼얹는 듯한 반론 세력이 등장했다. 앞서 소개한 펜로즈도 마찬가지였다. 그가 인간의 정신에 관해 낭만적인 주장을 펼치자마자 격렬한 반론이 제기되었다. 그것도 과거 함께 연구에 매진하며 공동으로 울프상을 수상했던 오랜 친구 호킹 박사로부터의 통렬한 비판이었다.

호킹은 이렇게 시작되는 편지를 펜로즈에게 보냈다.

처음에 분명히 말해 두지만, 저는 철두철미한 환원주의자입니다.

이어진 편지의 주 내용은 다음과 같다.

1 펜로즈는 양자역학의 예로 든 불가사의한 현상이 뇌 속의 어떤 물리적 조건에서 발생하는지에 대한 새로운 이론수식을 전혀 제시하지 못했다.

2 만약 기존의 이론대로라면, 그 양자역학 현상은 외부의 영향으로 금세 붕괴될 것이다. 따라서 그 현상을 지속시키려면 뇌에 '외부로부터 충분히 격리된 시스템'이 있어야 하는데, 뇌에 그런 정밀한 기구가 갖추어져 있다는 사실은 확인되지 않았으며 현실적으로 있을 가능성도 희박하다.

3 결국 펜로즈의 주장은 '인간의 정신은 신비하며 양자역학 또한 신비하므로 그 둘 사이에 무언가 관계가 있음에 틀림없다.'라고 호소하는 정도에 지나지 않는다.

호킹은 펜로즈의 주장을 이처럼 완전히 부정했다. 편지의 서문에서도 알 수 있듯이, 호킹은 펜로즈와는 정반대의 인간이다. 그것은 그 후에 이어지는 문장에서도 분명히 드러난다.

저는 생물학 이론을 화학 이론으로 환원할 수 있고, 화학 이론을 물리학 이론으로 환원할 수 있다고 믿습니다. 그러나 한편으로, 물리학 이론은 인간이 구축한 수학 모델에 불과하므로 그것이 실재에 대응하는지 묻는 것은 무의미하며, 물리학 이론은 단순히 관측 결과를 예언하기 위해 존재하는 것이라고 생각합니다. (중략) 저는 물리학자가 의식을 논하는 것에 불안을 느낍니다. 원래 의식은 외부에서 측정할 수 없습니다. 예를 들어 내일 갑자기 외계인이 집 앞에 나타난다 해도 우리는 그에게 인간과 똑같은 의식이 있는지, 혹은 그가 단순한 로봇인지를 구분할 수 없습니다. 우리는 외부에서 측정 가능한 것에 관해서만 말해야 합니다. (로저 펜로즈 《우주 양자 마음》 1995년)

호킹 박사는 이처럼 엄격한 과학자의 태도를 표명하며 펜로즈를 '관념적_{비물질적} 세계의 실재를 믿는 플라톤주의자'라고 비판했다. 정론으로 보면 옳은 말이다. 실제로 펜로즈는 "인간의 정신에는 기계_{단순한 물리작용의 집합}로 환원할 수 없는 불가사의한 요소가 있다."고 말했을 뿐, 그 구체적인 이론이나 증거를 제시하지 못했다. 그러므로 그것은 그저 헛소리이거나 적어도 과학자의 식견으로는 인정할 수 없는 이야기다. 그것을 현역 과학자가 현실적으로 추궁한다면 무어라 할 말이 없다.

대개 낭만주의자와 현실주의자가 대립하면 아무래도 낭만주의자가 불리하다. 낭만주의자는 "증거는 없지만 이것이 진짜라면 대단하잖아!"라고 말하니 당연하다. 현실주의자들은 데카르트에게도 반론을 제기했다. 그 현실주의자가 바로 영국 경험론의 완성자로 불리는 흄이다.

우선 흄을 소개하기 전에 근대 철학이 두 학파로 나뉜 것을 알려 둔다. 하나는 데카르트가 창시한 '대륙 합리론', 또 하나는 흄이 완성한 '영국 경험론'이다. 요컨대 서양 철학이 합리를 중시하는 대륙 일파와 경험을 중시하는 섬나라 일파로 양분된 것인데, 둘의 결정적 차이는 각각의 이름을 '연역법 중시파'와 '귀납법 중시파'로 바꾸어 놓으면 이해하기 쉬울 것이다. 각각의 특징을 차례차례 살펴보자.

절대적으로
옳은 답

먼저 연역법이란 무엇일까? 정의하자면, 어떤 전제를 출발점으로 삼아 논리적으로 사고하고 그것에서 새로운 결론을 도출하는 사고법을 말한다. 극히 단순하게 말해 삼단논법이 대표적이다. 'A=B, B=C'라는 두 전제를 출발점으로 삼아 논리적으로 사고하면 'A=C'라는 새로운 결론이 도출된다. 이 삼단논법은 연역법의 정의에 딱 들어맞는 대표적인 논법이다. 그 외에 '삼각형의 내각의 합은 180도'라는 정리도 마찬가지다. 이역시, 일단 '이런저런 조건 하에 그은 두 개의 선은 절대 교차하지 않는다.'라는 등의 전제공리 몇 가지를 가지고 그로부터 논리적인 사고를 거친 결과 도출된 결론이다. 이런 논리적 증명, 수학적 증명, 다시 말해 '논리에 기초해 결론을 도출하는 방식'이 연역법인데, 이는 다음과 같은 장점이 있다.

1 논리와 수학 등 일정한 규칙에 따라 답을 도출하므로 누가 문제를 풀어도 같은 답이 나온다.
2 출발점인 전제가 절대적으로 옳다면 거기서 도출된 답도 절대적으로 옳다.

2는 연역법의 특히 우수한 점이라고 할 수 있다. 연역법은 이 특징 덕분에 단순히 절대적으로 옳은 답을 얻을 수 있는 것을 넘어, 그 옳은 답을 새로운 출발점으로 삼아 또 다른 옳은 답을 얻을 수 있다. 즉 연역법은 옳은 답의 무한 연쇄를 일으킨다. 이런 과정을 통해 '절대적으로 옳은 답'을 차례차례 찾는다면 언젠가는 세상의 모든 비밀을 알게 될지도 모른다.

그러나 연역법으로 '옳은 답을 얻을 수 있다.'라는 말은 과연 사실일까? 앞서 소개한 삼각형 내각의 합의 정리를 생각해 보자. 이것은 연역법으로 도출된 '정답'으로, 어떤 삼각형이라도 내각의 합은 반드시 180도라는 정리인데 과연 그 타당성을 어떻게 증명할 수 있을까?

사실 그 증명은 불가능하다. 왜냐하면 모든 삼각형에서 그 정리가 성립되는지 일일이 조사할 수 없기 때문이다. 어느 날 아무 생각 없이 그린 어떤 삼각형의 내각의 합이 210도가 될지도 모르는 일이다. 물론 "이러이러한 전제에서 출발해서 논리적으로 사고했으니 틀림없어."라고 말하는 사람도 있을 것이다. 그러나 인류 모두가 제정신이 아닐 가능성도 있으니 무조건 그렇게 단언할 수는 없다(여러분도 미친 사람이 "이것은 논리적으로 사고한 결과이니 절대 옳다."라고 말한다면 그 말을 믿겠는가?).

그래도 괜찮다. 내 논리의 정당성은 신용할 수 없지만 적어도 생각하는 나는 확실히 존재하기 때문이다. 그런 내가 신을 알고 있으니 신도 확실히 존재한다. 또 신은 심술쟁이가 아니니 인간을 제대로 만들었을 것이 틀림없다. 그러니 모두들 걱정하지 않아도 된다. 그 덕분에 인간이 합리적으로 생각한 것은 모순 없이 성립되며 현실 세계와도 정확히 일치한다고 말할 수 있다. 사실이 어떤지 확인할 수 없더라도, 연역법으로 도출한 답은 절대적으로 옳다고 믿어도 괜찮다. 이것이 합리론의 입장이라 할 수 있다.

그러나 영국 경험론은 이처럼 연역법을 중시하는 대륙 합리론에 반대한다. 합리론 철학자들이 아무리 연역법의 훌륭함을 호소해 봤자 그들도 결국은 인간이니 얼마든지 실수할 수 있다는 것이다. 그리고 인간의 정당성을 증명하는 데 '신'을 끌어들이는 것은 논점을 완전히 벗어난 방식이라고 말이다. 게다가 대개의 연역법은 '애초의 전제가 틀렸을지 모를' 위험성을 항상 안고 있다. 연역법이 옳다고 말할 수 있는 것은 전제가 옳을 때뿐이다. 그런데 그 전제의 타당성을 증명하기란 불가능하다. 왜냐하면 전제의 타당성을 증명하기 위해 다시 연역법어떤 논리을 끌어들인다 해도, 그 연역법논리을 성립시킨 전제의 타당성을 또다시 증명해야 하기 때문이다. 즉 '타당한 전제로의 무한 후퇴'일 뿐이다. 결국 '전제는 타당한가?', '전제의 전제는 타당한가?', '전제의 전제의 전제는 타당한가?' 하는 식으로 증명이 반복될 뿐, 전제의 타당성은 결코 증명되지 않는다.

이처럼 전제의 타당성을 증명할 수 없다면 연역법은 치명적으로 위험해진다. 즉, 연역법을 통해 정답을 차례차례 찾아 타당한 이론학문 체계을 구축했다 해도, 어느 날 갑자기 한 곳에서 오류가 발견되면 모든 것이 단숨에 붕괴되기 때문이다. 비유하자면 옷의 첫 단추를 잘못 끼우는 것과 같다. 처음이 잘못되면 그 후로는 전부 틀릴 수밖에 없으므로 지금까지의 노고는 전부 물거품이 되고 만다. 심지어 첫 단추를 제대로 끼웠는지 확인할 길이 없다면? 불안해서 아무도 그 옷을 입지 못할 것이다.

결국 연역법이 그런 불완전한 타당성밖에 확보하지 못한다면 거기서 도출된 결론에도 절대적 정당성 따위를 기대할 수 없다. 경험론 철학자들은 연역법의 이러한 문제점을 지적한 후 '귀납법'으로만 진리에 도달할 수 있다고 주장했다.

이론은
수정될 수 있다

그렇다면 귀납법이란 무엇일까? 귀납법은 많은 관찰 사실로부터 공통점을 발견하여 잠정적인 결론을 도출하는 사고법이다.

천문학자인 케플러Johannes Kepler의 법칙을 예로 들어보자. 케플러는 '혹성의 궤도는 원이 아닌 타원 모양이다.', '혹성 공전 주기의 제곱은 궤도 반지름의 세제곱에 비례한다.'는 등 혹성의 궤도에 관한 몇몇 법칙을 발견했는데, 그는 연역법처럼 일정한 전제에서 결론을 도출하는 방식을 쓰지 않았다. 케플러는 수년 이상 축적된 관측 데이터를 꼼꼼히 살펴보다가 '아, 혹성 궤도는 모두 이런 식이구나!'라는 공통점을 발견함으로써 이들 법칙을 도출했다. 따라서 귀납법에서는 법칙을 발견하느냐 못하느냐가 각자의 역량에 달려 있다고 할 수 있다(과연 우리는 수많은 숫자의 집합을 보고 '아, 공통적으로 제곱이 세제곱에 비례하는구나.'라고 깨달을 수 있을까?).

또한 그렇게 발견한 공통점이 단순한 착각일 가능성도 있다. 그래도 상관없다. 귀납법의 타당성이란 어디까지나 잠정적인 것이기 때문이다. 만에하나, 당시 케플러의 데이터에서만 우연히 공통점이 발견되었을 뿐이고 어느 날 그의 법칙에 전혀 들어맞지 않는 혹성이 나타난다 해도 귀납적으로는 아무 문제가 없다. 솔직히 틀렸다고 인정한 다음, '이런 궤도의 차이가 왜 나타났을까? 무엇이 달라서 이렇게 되었을까?'라고 오류를 바로잡을 개선안을 만들기만 하면 된다.

요컨대 귀납법은, 관측 사실과 다르다면 그에 따라 이론을 조금씩 고치면 된다는 겸허한 태도를 취한다. 귀납법은 이론과 법칙보다 관측 사실을 우선하는 방식이다. 물론 이 방식으로는 '절대적으로 옳은 이론과 법칙'에는 도달할 수 없다. 아무리 애써서 이론과 법칙을 도출한다 해도, 바로 다음 순간에 그것을 뒤집을 관측 사실이 나타날 수 있기 때문이다.

그러나 그것으로 충분하지 않은가? 인간이란 그리 대단한 존재가 아니다. '절대적 정당성' 따위의 엄청난 무언가를 추구하기보다, 많은 관측 데이터를 모아 수시로 수정하고 '좀 더 정확할 듯한 답'을 오랜 시간에 걸쳐 만들어 나가는 편이 현실적이다. 적어도 진실인지 아닌지도 모르면서 "절대적으로 옳다."라고 단언하는 연역법 추종자들보다는 훨씬 낫다는 것이 귀납법의 입장이다. 이것이 연역법과 귀납법의 설명인데, 여기서 그 차이를 표로 정리해 보자.

〈 연역법과 귀납법의 비교 〉

연역법	귀납법
이성 중시	경험 중시
대륙 합리론(대륙적)	영국 경험론(섬나라)
복수의 전제(공리)에서 논리적으로 답을 도출한다.	복수의 관측 사실에서 그것들을 만족시키는 답을 도출한다.
"이성적으로 도출한 이론과 실제 세계의 사건은 반드시 일치한다."	"이성을 과신하면 위험하다. 관측 사실에 기초하여 이론을 수정해 나가야 한다."
낭만주의	현실주의

표에서 확인할 수 있듯이, 연역법을 중시하는 대륙 합리론은 인간이 이성으로 도출한 합리적 답안과 세상의 현실이 정확히 일치한다는 신념에 기반을 둔 일종의 낭만주의이며, 그에 비해 귀납법을 중시하는 영국 경험론은 그런 신념을 허용하지 않는 현실주의라고 할 수 있다.

다만 경험론 철학자들도 신만은 특별히 취급했다. 경험론은 기본적으로 "인간의 지식은 전부 경험관측 사실에서 얻은 것이며 경험에서 유래하지 않은 지식은 존재하지 않는다. 그러므로 무엇이든 경험관측 사실에 기초해 귀납적인 방식으로 지식 체계학문를 만들어야 한다."라고 주장했다. 그러나 "신에 대한 지식은 어떤가? 신학은 경험에 기초하지 않는 듯한데?"라는 질문에 대해서만은 "신에 관한 지식은 유일하게 경험에서 유래하지 않는다. 신만은 특별하다."라고 대답했다. 그럴 만도 하다. 아무리 종교의 영향력이 약해졌다고 할지라도 당시의 상황에서 신에 대해 이러쿵저러쿵 말하기란 여전히 위험한 일이었기 때문이다. 분위기를 감안해 "신만은 다르다."라고 말해 두는 편이 안전했던 것이다.

그러나 이때 분위기를 전혀 파악하지 못하고 경험론 철학을 관철한 남자, 흄이 등장한다. 흄은 경험론자로서 일체의 타협을 허락하지 않았다. 그래서 신 역시 경험에서 생겨난 개념에 불과하다고 단언했다. 그렇다면 어떻게 신의 개념이 경험에서 생겨났을까? 흄은 그것을 '복합 개념'으로 설명한다.

페가수스그리스 신화에 나오는 날개 돋친 천마라는 동물을 예로 들어 보자. 페가수스는 현실에 존재하지 않는 가공의 동물이라 실제로 본 사람은 없지만 우리는 그 모습을 쉽게 상상할 수 있다. 경험하지 않았는데도 상상할 수 있는 이유는 무엇일까? 답은 간단하다. 우리는 '말을 보고' '날개를 본' 경험이 있으므로 그런 경험을 복합시켜 페가수스라는 개념을 만들어낸 것이다.

말에 대한 경험 + 날개에 대한 경험 = 페가수스에 대한 지식

흄은 이처럼 경험할 수 없는 지식이라도 기존의 경험을 조합하여 만들어 낼 수 있다고 생각했으므로 신의 개념 역시 '복수의 경험이 조합되어 만들어진 개념복합 개념'이라고 정의했다. 즉 '이것을 해라, 저것을 하지 말라고 지시하던 아버지', '절대적인 권력을 가진 왕' 등 기존의 개념경험이 복합되어 신이라는 개념이 형성되었다는 것이다.

신은 부모와 왕 등 절대적 지배자에 관한 경험이 복합되어 생겨난, 인간이 만들어낸 상상의 산물에 불과하다.

이 말에 대해 현대인은 "그래, 그런 것 같아."라고 선뜻 받아들일지 모르지만 당시 사회에서는 이런 무신론이 결코 받아들여지지 않았다. 실제로 흄은 무신론자라는 평판 때문에 대학 교수직 임용에서 탈락하기까지 했다. 그러한 사회적 불이익을 감수하면서까지 경험론을 관철한 흄은 과연 어떤 사람이었을까? 지금까지의 설명만으로는 자신의 주장을 굽히지 않는 완고한 사람처럼 느껴질지 모르지만, 사실은 그의 성격이 매우 좋았다는 증언이 다수 남아 있다.

참고로 인민주권의 이상을 제창해 현대인에게 성인처럼 칭송받는 루소

Jean Jacques Rousseau는 성격이 좋지 않아 주변으로부터 상당한 미움을 받았다는 증언이 많다. 흄은 그런 루소까지 친구로 친절하게 대해 주었다. 주위 사람들이 "루소는 성격이 좋지 않으니 가까이 하면 안 된다."라고 거듭 충고했지만 흄은 루소의 망명까지 적극적으로 도왔다. 원하는 지역에 살 곳을 마련해 주고, 루소가 생활고에 시달리지 않도록 망명국의 왕에게 연금을 지급하라는 탄원서를 넣기도 했다(그러나 후일 루소는 피해망상에 빠져 흄이 자신의 험담을 했다며 주변에 떠들고 다님으로써 흄에게 큰 피해를 주었다).

어쨌든 흄이 고안한 복합 개념으로 신을 설명할 수 있게 되자, 데카르트의 철학은 궁지에 몰렸다. 인간이 신을 어떻게 아는지에 대해 다른 설명이 성립된다면 데카르트가 제시한 아래의 전제가 무너지기 때문이다.

인간은 애당초 신을 알 수 없다. 그러므로 신은 존재할 수밖에 없다.

신의 존재를 증명할 수 없다면, 신의 능력이 '인간 인식의 타당함'을 보증한다는 데카르트의 논리는 완전히 붕괴되고 만다. 게다가 흄은 그것도 모자라 '나는 생각한다. 그러므로 존재한다.'는 명제에서 도출된 '생각하는 나_{인간의 정신}'의 특별함까지 부정했다! 흄은 '나'라는 존재의 정체를 이렇게 규정했다.

'나'는 지각의 다발에 불과하다.

여기서 말하는 지각이란 뜨거움, 차가움, 고통, 쾌락, 의자의 딱딱한 촉감 등 '지금 느끼고 있는 감각경험'을 말하는데, 사람들 대부분은 이것에 대해 '내가 먼저 존재하고, 그렇게 존재하는 내가 다양한 지각을 느낀다.'고 믿고 있었다. 즉 나라는 존재정신가 먼저고, 그 존재가 다양한 외부 지각을 수용한다는 것이다. 그러나 흄은 그 믿음에 의문을 제기했다. 그 순서가 사실은 반대일 수 있다는 것이다.

아니, 지각(경험)이 먼저일 것이다. 애초에 지각이 있고, 그것이 다발을 이루어 차례차례 찾아오므로 '그것을 계속 느끼는 고정적인 존재가 있음'을 실감하게 되고, 거기서 '나'라는 개념이 생겨난다. 그것이 진실이 아닐까?

지각이 먼저 존재하고, 그 후에 내 존재존재가 있다는 개념가 생겨난다는 것. 즉 흄은 신뿐만 아니라 '나정신, 마음'조차 경험에서 생겨난 개념상상의 존재에 불과하다고 주장한 셈이다. 그렇다면 '나'에게는 데카르트가 말한 특별함 따위는 전혀 없다. '나'란 뇌와 신경 등 육체적 감각기관경험 발생 장치으로 이루어진 존재, 육체가 쇠퇴하면 덧없이 사라질 존재에 불과하다.

물론 지나치게 삭막하고 건조한 결론이라고 느끼는 사람도 있을지 모른다. 그러나 이것은 '나는 육체를 넘어선 비물질적 존재다.'라는 데카르트의 생각보다 훨씬 진지하고 현실적이다. 이리하여 흄은 신의 존재와 나의 존재를 부정했고, 데카르트의 철학은 완전히 붕괴되기 시작했다.

뜨거움

지각

고통

지각

나
(정신)

지각

딱딱함

내가 먼저 있고, 그 후에 지각이 발생

〈 흄의 생각 〉

지각 다발

뜨거움

고통

딱딱함

개념

나(환상)

처음에 지각 다발이 있고
그것이 차례차례 발현되면···

그 지각을 계속 느끼는
고정적인 존재가 있다는 사실을 실감하게 되어
'나'라는 개념(환상)이 생겨난다.

지각이 먼저 있고, 거기에서 '나'라는 개념이 발생

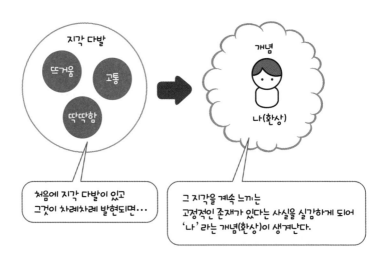

그러나 이것 역시 끝이 아니었다. 흄은 철저히 극단적인 인간이라서 상대가 쓰러진 후에도 공격을 멈추지 않았다. 흄은 데카르트가 그렇게 열심히 추구했던 절대적 옳음진리의 존재까지 부정하고 나섰다. 과연 옳음이란 무엇인가? 우리는 어떨 때 '옳다'는 말을 쓸까? 사실 이 질문에는 답하기가 어렵다. 왜냐하면 '무엇이 옳은가?'라는 질문에 어떤 '정답'을 내놓든 새로운 질문이 생겨나기 때문이다.

그 정답의 정당성은 어디에 있는가? 그 답을 옳다고 생각한 근거는 무엇인가?

무엇이 옳습니까? A입니다. A가 옳다고 생각한 이유는 무엇입니까? B입니다. B가 옳다고 생각한 이유는 무엇입니까? C입니다. C가 옳다고 생각한 이유는……. 이런 돌림노래가 일단 시작되면 아무리 애를 써도 답의 정당성에 대한 근본적 설명에 도달할 수 없다. 그렇다면 우리가 평소에 이것은 옳다, 저것은 옳지 않다고 말할 때의 판단 기준은 과연 무엇일까? 흄은 그에 관해 이렇게 단언한다.

인간이 무언가를 '옳다'고 할 때, 그 판단의 기준이나 근거는 순전히 '옳은 듯하다.'라는 '개인의 기분(인상)'에 있을 뿐이다.

'이것이 옳은 듯하다.'라는 기분이 들었을 뿐이라는 것이다. 우리는 일반적으로 '1+1=2'라는 수식을 보고 '옳다'고 생각한다. 그러나 사실은 그 수

식이 합리적으로 옳기 때문에 그렇게 생각하는 것이 아니라, 사과 한 개에 사과 한 개를 더했더니 두 개가 되는 경험을 반복하다 보니 '1+1=2가 옳은 것 같다.'라는 인상印象을 가지게 된 것뿐이다. 그러므로 만약 우리가 사과 한 개에 사과 한 개를 더하면 사과 세 개가 되는 세상에 태어나 그런 경험을 쌓았다면, '1+1=2'를 보고 "어라? 이거 틀렸는데."라고 말하고 '1+1=3'을 보고 "당연히 이게 맞아."라고 말할 것이다.

결론은 '옳다'는 판단 역시 경험에서 나온 개념이라는 것이다. 그것은 인간이라는 '경험하는 기계'가 제멋대로 자기 안에 만들어낸 상상의 산물일 뿐이다. 게다가 그 근거는 기껏해야 과거의 경험에 비추어 보아 그런 '기분'이 든다는 것이며, 우주의 절대적 법칙에 따라 'ㅇㅇ는 옳음'이라고 정해져 있어서 ㅇㅇ가 옳다고 판단한 것이 아니다.

이처럼 극단적일 만큼 철저히 경험론을 관철한 흄. 그는 철학의 거대한 일파인 합리론에 정면으로 도전했고, 당시 학자들이 막연히 품고 있었던 낙관적인 환상, 즉 '합리적으로 사고하기만 하면 경험 불가능한 것에 관해서도 언젠가 진리에 도달할 수 있다.'라는 생각을 철저히 깨부수었다.

칸트

Immanuel Kant 1724~1804

나는 무엇을 알 수 있는가

우리가 보는 세계의 모습은
시공간이라는 장치로 해석한 '현상'이지
결코 보편적이고 절대적인 모습의 '사물 자체'일 수 없다.

＊ ＊ ＊

신은 인간이 경험으로 만들어낸 '신이라는 개념'에 불과하다.
나도 인간이 경험으로 만들어낸 '나라는 개념'에 불과하다.

앞서 흄은 모든 것을 경험에서 유래한 개념으로 환원하고 합리론을 철저히 부정했다. 합리론데카르트과 경험론흄의 대립은 이처럼 경험론의 우세로 끝났지만, 아직은 경험론에 약간의 위화감을 느끼는 사람이 많을 것이다. 인간의 머릿속에 떠오르는 것은 전부 경험에서 나왔다는 주장까지는 이해했다. 그러나 정말로 모든 것이 경험에서 생겨났다면, 태어나서 무엇을 어떻게 경험하느냐가 각자 전혀 다를 테니 모든 것이 사람마다 '제각각'이 될 것이다. 그러면 수학의 정리나 공식가령 삼각형의 넓이 공식조차 '제각각의 타당성' 밖에 갖지 못할 텐데 그것은 말이 되지 않는다. 즉 경험론자의 주장에 설득력은 있지만, 이 정도가 되면 과하다는 생각이 든다.

모든 것은 경험에서 나온 개인의 믿음(느낌)에 불과하다. 그리고 경험이란 '개인적'이며 '제각각'이어서 거기에서 나온 개념도 사람마다 다르므로, 인류 전체가 공유할 수 있는 개념이란 존재하지 않는다.

우리는 기하학과 논리학 등 인류 전체가 공유할 수 있는 개념이 실제로 있음을 알고 있다. 물론 경험론에 따르면 그것들은 우연히 같은 경험을 한 사람들이 모여 하나의 개념을 만들어 공유한 결과일 뿐, 전 인류에게 절대

적으로 옳은 개념이 아니다. 하지만 정말 그렇다면 개개인의 경험에 따라
세상에는 제각각의 기하학과 제각각의 논리학이 있어야 하지 않는가? 하
지만 실제로는 그렇지 않다. 경험성장한 환경 등의 차이에 따라 기하학과 논리
학의 내용이 달라진다는 이야기는 들어 본 적도 없다.

즉, 각기 다양한 경험을 한 인간들이 같은 것에 대해 같은 판단을 내린
셈이다. 그러므로 이 세상 어딘가에 이러한 것이 존재하는지도 모른다.

각자 다른 경험에 따른 영향을 받지 않고 인간이라면 누구나 옳다고 판단
할 수밖에 없는 유일한 생각(개념)

만약 그렇다면 합리론은 대역전을 일으킬 것이다. 즉 '사람에 따라 달라
지지 않는 진리연역법'가 있다고 주장하는 합리론이 화려하게 부활하는 것이
다! 그런데 제각각의 경험에 좌우되지 않는 개념이라는 게 정말로 있을까?
답은 '예스'다. 이 답을 도출한 사람이 바로 독일의 철학자 칸트다.

경험을
재정의하다

칸트는 각자의 경험에 좌우되지 않는 개념을 찾아내기 위해
우선 경험이란 무엇인가, 경험이 성립되기 위한 전제 조건은 무엇인가를
고민했다. 그 결과 철학사에 길이 남을 위대한 통찰에 도달한다.

경험이 성립되려면 '시간과 공간의 개념'이 전제되어야 한다. 인간에게 이 개념이 없다면 애초에 경험 자체가 불가능하다.

우리는 '어떤 시간, 어떤 공간에도 위치하지 않는 사과'를 경험할 수 없다. 실제로 어떤 시간, 어떤 공간에도 속하지 않는 사과를 보거나 먹는 일은 상상조차 불가능하다. 즉 우리는 무언가를 경험할 때 반드시 그것을 어떤 시간, 어떤 공간의 현상으로서 경험보거나 느끼거나 한다. 그 외 다른 형태로의 경험은 불가능하다. 그래서 칸트는 이렇게 주장한다.

'먼저 무엇인가를 경험한 뒤에 시간과 공간의 개념이 생겨났다.'라는 관계성은 성립되지 않는다. 경험이 성립되려면 시간과 공간이라는 인식의 틀이 먼저 있어야 한다. 그러므로 시간과 공간은 경험에 앞서는 개념, 즉 경험을 성립시키기 위해 누군가가 만들어 놓은 '타고난 개념(선험적 개념)'이며, 사람 각자의 경험 차이에 좌우되지 않는 인류 공통의 개념이다.

이에 따르면 삼각형의 넓이 등에 관한 기하학 공식은 '공간'에 관한 공식이므로 경험에서 나온 개념이 아니라, 개개인을 초월한 정당성을 지닌 '인류 전체가 공유할 수 있는 개념'이다. 이처럼 각자의 경험 차이에 좌우되지 않는 개념이 분명 존재하며, 이는 "모든 개념은 경험에서 나온다."라고 단언하는 경험론에 대한 명백한 반격이 된다.

그러나 칸트의 주장에 이런 반론을 제기하는 사람도 있을 것이다.

시간과 공간은 선험적 개념이라지만, 갓 태어난 아기가 시공간의 개념이 있을 리 없다. 시공간의 개념 역시, 아무것도 모르는 상태에서 다양한 물체와 장면을 경험하는 동안 조금씩 형태를 갖추는 것이 아닐까?

그럴듯한 반론이다. 이 의문에 답하려면 '시공간'이라는 추상적인 개념보다는 '원근법'이라는 구체적인 개념을 설명하는 편이 나을 듯하다. 알다시피 원근법은 가까운 물체는 커 보이고 먼 물체는 작아 보이는, 공간에 관한 법칙이다. 물론 아기는 원근법이라는 '말'이나 '원리'를 모른다. 그래서 "원근법은 선험적 개념이다."라는 말에 동의하지 못하는 것도 이해는 간다.

하지만 곰곰이 생각해 보자. 어느 날 여러분이 기억상실증에 걸려 이전에 습득한 개념을 전부 잊어버렸다고 하자. 그 상태로 사과를 본다면 눈에 들어온 둥근 물체가 무엇인지도, 원근법이 어떤 것인지도 전혀 모를 것이다. 그러나 일정한 크기의 둥근 물체가 '보이는' 이상, 그 시각 영상에는 반드시 '원근법 규칙에 따른 크기의 원'이 나타나기 마련이다.

〈 원근법을 적용한 사과 그림 〉

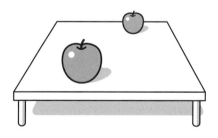

이것은 다시 말해, 원근법이라는 말이나 그 원리를 알든 모르든 '물체를 보는 경험'에는 원근법이라는 형식규칙이 처음부터 포함되어 있으며, 이 형식 없이는 '보는 경험시각적인 영상'이 성립될 수 없음을 뜻한다. 따라서 우리가 '보는 경험'을 하는 생물인 이상, 지금까지 어떤 경험을 했고 무엇을 아는지에 관계없이, 경험을 성립시키기 위한 원근법그리고 공간에 관한 몇몇 법칙의 개념이 반드시 갖추어져 있어야 한다. 이를 인간보는 경험을 하는 생물의 선험적 개념이라 한다(여기까지 읽어도 감이 오지 않는 사람은 개념이라는 추상적인 말을 경험을 성립시키기 위한 '장치' 혹은 '틀'로 바꾸어 읽어보기 바란다).

합리론과
경험론

합리론과 경험론을 비교한 그림을 보며 지금 말한 칸트의 철학을 다시 한 번 이해해 보자. 이렇게 비교해 보면 칸트가 얼마나 위대한 업적을 남겼는지 좀 더 구체적으로 알 수 있을 것이다.

그림 1은 합리론의 세계관을 나타낸다. 보다시피, 합리적인 법칙이 있는 세상이 먼저 존재하고, 인간이 그것을 지켜보는 구도다. 이 그림의 기본적인 생각은 수학과 기하학 등의 법칙절대적으로 옳은 법칙은 세상에 처음부터 존재했으며, 인간은 이성이라는 합리적 사고력을 활용해 그것을 알아냈다는 것이다. 이것이 아마도 보통 사람들이 처음 갖는 소박한 세계관일 것이다(참고로 데카르트는 이 구도가 옳다고 주장하기 위해 신의 존재를 증명하려 애썼다).

제2장 l 합리주의 철학

그림 2는 경험론의 세계관을 나타낸다. 합리론과 달리 철저히 현실적인 경험론은 '합리적인 법칙이 있는 세계가 존재한다.'라는 가설을 완전히 부정한다. 경험론자가 "확실히 존재한다."라고 말할 수 있는 것은 '세계'가 아니라 지금 보고 있는 시각 영상과 손끝에 느껴지는 촉감 등의 '경험'이므로, 이 그림은 애초부터 경험에서 시작된다. 즉 유일하게 확실한 것은 경험이며, 모든 것은 그 경험에서 생겨난다는 세계관이다.

〈 그림1 합리론의 세계관 〉

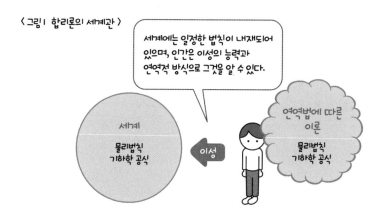

〈 그림2 경험론의 세계관 〉

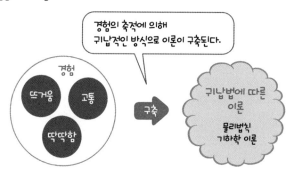

그렇다면 당연히 수학이나 기하학도 경험에서 생겨난 것이겠지만, 경험론은 "그러면 그 경험은 어디서 왔는가?"라는 당연한 의문에는 전혀 답하지 않는다.

마지막으로 오른쪽의 그림 3은 칸트의 철학을 나타낸다. 칸트는 '경험인식이 성립되려면 어떤 조건이 필요한가?'를 생각한 철학자로서, 경험론을 표현한 그림 2의 왼쪽 여백, 즉 경험이 성립되기 이전의 수수께끼를 풀어냈다. 즉 칸트는 경험이 발생하기 위해 어떤 요소가 필요한가를 고민했고, 그것을 경험론의 세계관에 추가했다. 그 요소를 하나하나 살펴보자.

칸트의 철학은, 인간은 세계를 직접 경험인식하지 못하며 그것을 인간이 경험할 수 있는 형식시간과 공간의 형식으로 변환한 뒤에야 경험할 수 있다고 주장한 점에서 종래의 사고방식과 구별된다. 어쨌든 이 그림은 다음과 같은 내용을 표현한다.

1 각자의 경험에 좌우되지 않는 합리적 법칙수학과 기하학이 '변환 장치'에 의해 생겨났으며, 인간동일한 변환 장치, 동일한 경험 형식을 지닌 생물은 누구나 그 합리적 법칙을 옳다고 판단한다. 따라서 연역법이 성립된다.
2 경험이 발생한 후, 그 경험에 기초해 사람마다 다른 각자의 개념이 생겨난다. 따라서 귀납법도 성립된다.

즉, 이런 세계관 속에서는 연역법합리론도 귀납법경험론도 문제없이 성립된다. 이처럼 칸트는 자신만의 새로운 철학을 구축함으로써 당시 세상을 양분했던 합리론과 경험론의 대립을 해소하고 철학사에 큰 발전을 가져왔다.

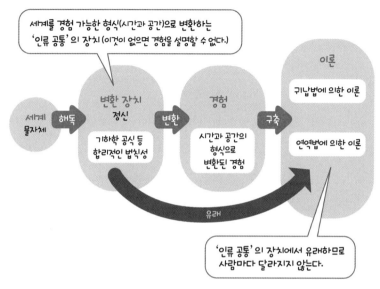

〈 그림3 칸트의 철학 〉

세계를 경험 가능한 형식(시간과 공간)으로 변환하는 '인류 공통'의 장치 (이것이 없으면 경험을 설명할 수 없다.)

이론

귀납법에 의한 이론

세계
물자체

해독

변환 장치
정신

기하학 공식 등
합리적인 법칙성

변환

경험

시간과 공간의
형식으로
변환된 경험

구축

연역법에 의한 이론

유래

'인류 공통'의 장치에서 유래하므로
사람마다 달라지지 않는다.

● **변환 장치(정신)**

정신은 세계를 경험 가능한 형식(시공간상의 감각)으로 변환하는 장치다. 만약 이 장치가 없다면 일종의 합리성·형식을 갖춘 경험이 '이유 없이 갑자기 나타나는' 기묘한 세상이 펼쳐질 테니, '경험을 시공간의 형식으로 변환하는 장치'가 인간과 세계 사이를 중개한다고 생각하는 것이 자연스럽다. 이 변환 장치의 규칙(변환 방식)이 바로 '시공간 등 선험적 개념'이며, 그것은 모든 인간이 옳다고 인정할 수밖에 없는 지식과 학문의 기반이 된다. 이것이 칸트 철학의 핵심이다.

사실 칸트는 이 변환 장치에 '오성(悟性)'이라는 어려운 이름을 붙였지만, 일반인에게는 어려운 용어이기에 이 책에서는 이해를 돕도록 '변환 장치(정신)'라는 용어를 썼다.

● **세계(물자체, 物自體)**

경험의 근원이 되는 세계. 이것이 없으면 경험 자체가 발생할 수 없으므로 '인간의 외부에 세계가 존재한다.'라는 견해는 타당하다. 다만 칸트가 말하는 '세계'란 변환 장치에 의해 경험 가능한 형식으로 변환되기 이전의 세계이므로, 인간이 이것을 직접 경험하고 알기란 결코 불가능하다. 이 '경험 가능한 형식으로 변환되기 전의 세계'를 칸트는 '물자체'라고 불렀다.

비유로
설명한다

이번에는 칸트의 철학을 일상적인 비유로 살펴보자. 칸트 철학을 이해하는 데 분명 도움이 될 것이다.

우선 DVD를 컴퓨터에 넣어 동영상을 재생하는 일상적인 장면을 떠올려보자. 우리는 일반적으로 'DVD에 동영상이 들어 있고, 그것이 화면에 나타난다.'라고 생각하기 쉽지만 사실은 그렇지 않다. DVD란 초미세 요철凹凸을 원반에 인쇄한 물건에 지나지 않는다. 따라서 DVD를 아무리 들여다보아도 튀어나온 곳과 움푹 들어간 곳이 반복된 '무수한 요철'이 있을 뿐, 아무런 동영상도 찾을 수 없다. 즉 DVD란 무수한 요철이 새겨진 신기한 원반이며, 그 자체로는 아무 의미도 없다.

따라서 DVD로 동영상을 보려면 그 무수한 요철을 해독하고 그것을 동영상으로 변환하는 장치컴퓨터가 필요하다. 예를 들어 '요철요요철요철철 凹凸凹凸凹凸凸'이 있으면 오른쪽 화면에 빨간 점을, '철요요요철철요철 凸凹凹凹凸凸凹凸'이 있으면 왼쪽 화면에 파란 점을 표시하는 식이다. 이런 변환 장치를 통과해야 비로소 무의미한 '요철'이 일정한 형식의 유의미한 형태, 즉 '동영상'으로 재생된다.

주의할 점은, 여러분이 동영상에서 어떤 정보를 얻든 그것과 DVD 자체는 아무 연관이 없다는 것이다. 예를 들어 동영상에는 당연히 '위'와 '아래', 그리고 '좌우'가 있지만 DVD 자체에는 이 '상하좌우'의 정보가 존재하지 않는다(DVD는 요철이 새겨진 원반에 불과하므로). 이 상하좌우의 정

DVD는
단순한 요철의 집합체

보는 물론 컴퓨터변환 장치에서 유래한다. 컴퓨터가 DVD의 요철을 의도적으로 상하좌우가 있는 형식으로 변환해 재생했기 때문에 상하좌우가 나타난 것이다.

따라서 같은 종류의 컴퓨터변환 장치를 가진 사람들끼리는 DVD의 내용을 상하좌우의 형식으로 공유할 수 있다. 즉 "위쪽에 무엇이 있습니까?"라고 물으면 "사과가 있습니다."라는 공통된 답을 얻을 수 있다. 이것은 거꾸로 말해, 같은 종류의 컴퓨터가 없는 사람과는 상하좌우에 관한 지식을 공유할 수 없다는 뜻이다.

가령 '요철요요철요철철'이 있으면 '삐', '철요요요철철요철'이 있으면 '뿌'라고 소리를 내는 전혀 다른 종류의 컴퓨터가 있다고 하자. 만약 그런 컴퓨터를 가진 사람이 있다면, 아니 좀 더 대담하게 말해 그런 컴퓨터를 뇌 대신 두개골에 장착한 사람이 있다면? 틀림없이 그 사람과는 DVD의 상하좌우에 관해 이야기할 수 없을 것이다. 그에게는 컴퓨터에서 나오는 기괴한 소리야말로 DVD에 관한 정보의 전부일 테니까. 만약 그에게 "위쪽에는 무엇이 있습니까?"라고 묻는다면 그는 "네? 무슨 뜻이죠?"라고 되물을 것이다. 한술 더 떠서 "이 DVD는 뼈와 뿌로 구성되어 있습니다."라며 (같은 컴퓨터가 없는 사람에 한해) 전혀 알아들을 수 없는 이야기를 늘어놓을 것이다.

그러면 DVD를 기괴한 소리로 이해하는 사람과 동영상으로 이해하는 사람 중 어느 쪽의 이해방식이 옳을까? 물론 둘 다 옳지 않다. 원래 DVD에는 색도 형태도 소리도 없다. 거듭 말하지만 DVD 자체는 그저 무수한 요철, 오톨도톨한 표면의 집합체에 불과하다. 그러므로 그것을 변환하는 데에는 무수한 방법이 있으며 그중 어느 것이 옳다고는 결코 말할 수 없다. 결국 일정한 종류의 컴퓨터변환 장치를 가진 사람이 그것을 일정한 형식으로 변환하여 보거나 들을 뿐이다. 누구의 컴퓨터가 옳고 틀리고의 문제가 아니다.

자, 여기까지 읽었다면 이 비유가 칸트의 철학에 어떻게 대응하는지 눈치챘을 것이다. 즉 'DVD=세계물자체', '컴퓨터=변환 장치정신', '동영상=경험'이다. 이 비유로 살펴보았듯 우리가 상하좌우, 높이, 폭, 깊이 등의 공간적 개념경험을 갖고 있는 것은 세상이 원래 그렇게 되어 있기 때문이 아니다. 우리가 태어날 때부터 갖고 있었던 변환 장치인간의 정신가 그런 형식으로 경험을 성립시키기 때문에 세상이 그와 같이 이루어져 있는 것처럼 보이는 것이다.

따라서 어쩌면 인간의 정신이 세상을 3차원으로 보고 있을 뿐, 실제 세상은 3차원 공간과는 전혀 다를지도 모른다. 왜냐하면 공간이란 세상에서 유래한 것이 아니라 어디까지나 인간의 정신세계를 경험 가능한 형식으로 변환하는 장치에서 유래한 것이기 때문이다. 그러므로 이렇게 생각하는 편이 오히려 타당할지도 모른다.

실제 세계(경험으로 변환되기 이전의 세계)에는 높이, 폭, 깊이 따위의 3차원 축이 전혀 존재하지 않는다.

그뿐만이 아니다. 그 실제 세계에서는 우리가 아는 물리법칙조차 성립되지 않을지 모른다. 공간과 마찬가지로 물리법칙 또한 인간의 정신에서 유래한 것이기 때문이다. 그런 말도 안 되는 소리가 어디 있느냐며 반박하는 사람이 있을 수도 있겠다.

아니, 물리법칙이란 인간과는 관계없이 처음부터 세계에 존재했을 거야. 물리법칙이 인간의 정신에서 유래했을 리가 없어.

하지만 곰곰이 생각해 보자. 우리는 어쩌면, 모든 것을 동영상의 형식으로 경험하는 생물이며 소위 '신경 자극 정보를 동영상으로 변환해 보여 주는 컴퓨터'를 두개골에 장착하고 있는지도 모른다. 그래서 그 동영상에 비친 것을 '세상'이라고 믿으며 사과가 땅에 떨어지는 영상을 보고 "아, 지구가 물체를 끌어당기는구나!"라고 말하는 것일지도 모른다. 이처럼 동영상을 세상으로 믿고 그것에서 일정한 법칙을 발견하여 수식으로 만든 것이 우리가 말하는 물리법칙의 정체라면? 그렇다면 '실제 세계에는 물리법칙이 없다.'라고 생각하는 것이 자연스럽지 않을까? 사실이 그러하다면 물리 법칙조차 그저 영상 속 세계의 일부에 불과하기 때문이다.

세상은 '삐' 축과 '뿌' 축으로 구성되어 있으며, 물체는 그 축 위를 일정한 수식에 따라 운동한다. 이것이 세상의 절대적인 물리법칙이다.

이런 말을 들으면 여러분도 고개를 갸웃거리며 이렇게 말할 것이다.

그건 순전히 당신의 생각일 뿐이야. 대체 '삐' 축이란 게 뭐야? 그건 당신의 세상에만 있는 거잖아.

물론 이 지적은 '모든 것을 동영상으로 경험하는 우리 자신'에게도 해당된다.

'높이'가 대체 뭐야? '낙하'라는 건 대체 뭐야? '삼각형의 넓이'는 또 뭐야? 그건 전부 당신네 세상에만 있는 거잖아!

요컨대 모든 것이 우리의 생각일 뿐이고 우리가 그 생각을 보편적인 진리로 착각하며 살고 있다는 말이다. 우리가 경험_{동영상}에서 무엇을 찾아내든, 그것이 '경험의 형식에서 유래한 것'인 이상 결코 보편적이거나 절대적인 진리가 될 수 없다. 그저 같은 형식을 통해 경험한 사람끼리만 통용되는 지엽적인 지식일 뿐이다.

이 시점에서 노파심에 한 가지 일러둘 것이 있다. 이야기를 쉽게 풀어내기 위해 앞에서 '신경의 자극 정보를 동영상으로 변환하는 장치뇌가 두개골에 장착되어 있다.'라는 등의 표현을 썼는데, 이것은 철학적으로 전혀 말이 되지 않는 이야기다. 이 표현을 사실로 인정하면 신경과 뇌가 동영상을 만들어내는 셈이 된다. 그러나 빛도 눈도 신경도 뇌도, 전부 '동영상 속의 지엽적인 지식인간의 경험 형식으로 변환된 이후의 것'임을 잊어서는 안 된다. 따라서 그것들은 진짜 세상에는 없을지도 모르고, 우리가 생각하는 것과 전혀 다른 모습으로 존재할지도 모른다. 그런 의미에서, 우리는 '무엇이 어떻게 동영상의식에 비추어진 영상, 감각을 만들어내는지' 결코 알 수 없다. 그 진실은 결코 밝혀지지 않는다.

칸트 철학의
정리

지금까지 설명한 칸트의 철학을 간단히 정리해 보자.

1 인간은 개개인의 경험의 차이에 좌우되지 않는 '선험적 개념'을 갖고 있다.

2 그 선험적 개념은 인간 고유의 경험 형식에서 유래하며, 인류 전체가 그것을 공유할 수 있다. 인간이 그런 '공유 가능한 개념'을 갖고 있으므로 연역법인간이라면 누구나 옳다고 말할 수밖에 없는 결론을 도출하는 사고방식이 성립된다.

3 그러나 연역법으로 어떤 답을 도출하든, 그것은 인간만의 진리에 지나지 않는다.

전부 철학적 통찰인 것은 틀림없지만, 3은 특히 충격적이다. 우리는 진리라는 말을 들으면 대개 보편적, 절대적으로 옳은 명제를 떠올린다. 즉 우리는 '보편적이거나 절대적으로 옳지 않은 진리'라는 말을 전혀 이해하지 못한다. 그러나 칸트는 그것을 착각이라고 말한다. 인간이 도달할 수 있는 진리가령 연역법으로 도출한 삼각형의 넓이 공식 등는 전부 인간의 경험 형식에 의존해 생겨난 것이므로 인간만의 지엽적 진리에 불과하다. 즉 인간은 아무리 애써서 학문을 구축해도 보편적이고 절대적인 진리에는 결코 도달할 수 없다.

칸트에 의한 이 '진리 탐구의 한계 선언'은 당시 사회에 큰 충격을 안겼다. 나중에는 감정적인 거부감까지 가세해 이 철학을 둘러싸고 큰 논쟁이 일어나기도 했지만, 본인은 그 사실을 잘 몰랐던 것 같다. 심지어 칸트는 '진리객관와 인간주관의 관계'를 역전시킨 자신의 철학적 성과과학적 인식의 근거를 객관이 아닌 주관으로 이전시켰다는 것를, 하늘과 땅의 관계를 역전시킨 코페르니쿠스의 지동설에 비유해 '코페르니쿠스적 전환'이라고 칭하기까지 했다.

나는 기존의 상식을 뒤엎는 뛰어난 철학을 구축했다.
나는 그야말로 철학계의 코페르니쿠스다!

이렇게 자화자찬한 것인데, 여기서 끝이 아니다. 분위기 파악을 못하는 칸트는 그 후로도 주위의 당혹감과 실망을 아랑곳 않은 채 인간의 한계를 속속 밝혀냈다.

여기서 잠시 칸트의 《순수이성비판》1781년을 살펴보자. 이 책은 대철학자로서 칸트의 지위를 공고히 만든 대표작이며, 현대까지도 철학을 지향하는 사람이라면 반드시 읽어야 할 고전 명저다. 칸트는 책의 서론에서 이렇게 말했다.

> 인간은 지금까지 신이나 영혼처럼 눈에 보이지 않는 것을 자신만만한 태도로 논해 왔지만, 그 시도는 모두 실패로 끝났다. 그것은 인간이 스스로의 이성을 판단하는 일(무엇을 생각할 수 있고 무엇을 생각할 수 없는지 정확히 분석하는 일)을 게을리 했기 때문이다.

이것은 데카르트의 장에 등장한 사진기의 비유와 일맥상통한다. 다시 말해 "내 컴퓨터는 대단하다."라며 아무렇게나 작동시키기보다, 우선 그 컴퓨터가 무엇을 할 수 있고 무엇을 할 수 없는지 철저히 조사하는 것이 중요하다는 뜻이다. 단순한 잔소리처럼 들릴지 모르지만, 풀 수 없는 문제라면 아무리 컴퓨터를 작동시켜도 소용이 없다. 그것은 무의미할 뿐 아니라 에너지만 낭비하는 행위다.

그런 의미에서 칸트의 말은 지당하다. 그렇다면 구체적으로 어떻게 조사해야 할까? 이것 역시 경험에 관해 이야기했을 때와 마찬가지다. 칸트는 인간의 생각하는 능력이성에 관해서도 태어날 때부터 갖고 있었던 일정한 형식, 즉 인간이라면 누구나 똑같이 사용하는 사고방식, 사고의 틀이 있다고 생각했다.

그 틀의 대표적인 예가 원인이 있어서 결과가 있다는 사고방식, 즉 인과율이다. 우리는 눈앞에 공이 굴러왔을 때 누군가가 공을 던지는 등의 원인이 반드시 있다고 생각한다. '공이 굴러왔지만 거기에는 아무 원인이 없다.'라는 상황을 우리는 상상조차 할 수 없다. 인간은 인과율이라는 형식원인이 있어서 결과가 있다는 사고의 틀 속에서만 사고할 수 있기 때문이다.

크고 작음에 관한 '양적 관계성'도 마찬가지다. 우리는 모든 물체에 크기양가 반드시 있다고 생각하며, 두 물체 사이에는 '물체 A보다 물체 B가 크다.'라는 등의 양적 관계성이 반드시 존재한다고 생각한다. 우리는 크기가 없는 물체를 생각할 수 없으며, 두 물체 사이에 양적 관계성이 없는 상태도 상상할 수 없다. 인과율과 마찬가지로 우리는 양적인 관계성이라는 형식을 벗어나 사고할 수 없기 때문이다.

그런데 인간은 어째서 이런 사고의 형식, 틀로만 사고할까? 그것은 아무래도 시간과 공간이 우리의 선험적 개념이기 때문일 것이다. 우리가 시간의 형식으로 모든 것을 경험하는 이상, 아무래도 '시계열시간적 순서에 따른 배열, 조직, 순서의 사건 연쇄원인과 결과' 방식으로 세상을 이해하게 되는 것이다. 결국 인간시간과 공간의 형식으로 세계라는 DVD를 재생하는 생물은 이런 사고의 형식에서 벗어날 수 없다. 우리는 무엇이든 자유롭게 사고할 수 있는 생물이 아니며, 태어나면서부터 이 형식과 틀 안에서만 사고할 수 있고 이해할 수 있는 생물이다.

이런 분석을 거듭한 끝에, 칸트는 결국 '인간의 모든 사고형식을 밝히는' 엄청나게 위대한 업적을 성취했다. 그런 다음에는 이런 사고 실험을 실시했다.

1 어떤 문제 A를 상정한다.

2 그 문제 A를 참예이라고 가정하고, 칸트가 분석한 '인간의 사고형식'에 따라 사색을 진행해 모순이 발생하는지 조사한다.

3 그 문제 A를 거짓아니오이라고 가정하고, 마찬가지로 사색을 진행하여 모순이 발생하는지 조사한다.

실험 결과 참과 거짓 중 무엇으로 가정해도 논리적인 모순이 발생한다면, 문제 A는 인간의 사고형식으로 진위를 판정할 수 없는 문제, 즉 인간이 풀 수 없는 문제일 것이라고 칸트는 생각했다.

그러면 칸트가 실제로 대입해 본 문제, 즉 '우주에는 시작이 있는가'에 관한 사색을 진행해 보자. 만약 이 문제를 참이라고 가정한다면 '우주에는 시작이 있다.'라고 할 수 있다. 그러면 우주가 시작되기 전의 상태, 즉 우주가 아직 존재하지 않은 무의 상태가 있었던 셈이다. 그러나 그럴 경우 '무에서 우주가 생겨났다아무 이유도 없이 우주가 생겨났다.'라는 결론이 나오므로 말이 되지 않는다.

그렇다면 반대로 이 문제를 거짓이라고 가정하면 '우주에는 시작이 없다.'라고 할 수 있다. 그러면 우주에는 '무한한 과거'가 있었던 셈이다. 그러나 그럴 경우 '일정한 시점의 우주'가 존재하려면 '무한한 시간무한한 과거'이 흘러가 있어야 하므로 그것도 말이 안 된다. '무한한 시간이 흘러간다.'라는 말은 '무한한 밥을 다 먹는다.'라는 말과 마찬가지로 말이 되지 않는 문장이다.

결국 진위참, 거짓 중 무엇을 가정해도 모순이 생기므로인간의 사고형식상 이해할 수 없는 결론이 도출되므로 '우주에 시작이 있을까?'라는 문제는 인간이 절대 풀 수 없는 문제다.

그런데 여기서 중요한 점은 '문제를 풀 수 없다.'라는 결론을 두고 '각자 사고방식과 생각이 다르다.'라며 불만을 제기할 수 없다는 것이다. 왜냐하면 칸트의 사고 실험에는 '인간이라면 반드시 쓸 수밖에 없는 선험적 사고 형식'이 적용되는데, 거기서 필연적으로 모순이 발생하기 때문이다. 그러므로 "나는 ○○주의자라서 너희들과는 생각이 다르다!"라고 항변해도 의미가 없다. 인간으로서 사고하는 이상, 생각의 차이에 관계없이 이 문제에 관해 의미 있는 답을 얻을 가능성이 전혀 없는 것이다.

참고로 칸트는 동일한 사고 실험을 통해, 인간이 절대 풀 수 없는 문제를 여럿 발견했다.

인간은 자유 의지로 움직이는 존재인가 혹은 물리법칙대로 움직이는 기계일 뿐인가?

모든 원인이 되는 절대자(신)는 존재하는가 혹은 존재하지 않는가?

우주는 분할 불가능한 최소 단위(원자와 소립자 등)로 구성되어 있는가 혹은 다르게 구성되어 있는가?

어쩌면 "응? 이 문제를 풀 수 없다고?"라며 놀라는 사람도 있을지 모르겠다. 혹은 "뭐야? 이런 문제자유, 신, 세계의 끝 따위를 고민하는 게 철학자의 역할 아닌가?"라고 되묻는 사람도 있을 것이다. 하지만 유감스럽게도, 이런 철학적 문제들의 결론은 칸트가 이미 다 내 버렸다. 그러니 이런 문제를 아

제2장 | 합리주의 철학

직도 고민하고 있다면 시대에 한참 뒤떨어진 사람이며, 에너지를 쓸데없이 소모하는 것이다. 즉 "나는 자유롭게 사고한다!"고 아무리 주장해도, 우리는 결국 칸트가 말했던 형식에 따라서만 사고할 수 있고, 칸트가 말했던 범위 내의 문제에 관해서만 고민할 수 있다.

"(철학에 뜻을 둔 자, 사색하는 일을 업으로 삼을 자들은 이러쿵저러쿵 말하기 전에 당장) 칸트를 읽어라!" 학문의 선배들이 입이 아프도록 이렇게 말했던 데에도 다 이유가 있었다.

헤겔

Georg Wilhelm Friedrich Hegel 1770~1831

이성적인 것은 현실적이며
현실적인 것은 이성적이다

인간의 정신에는 모든 대립을 해소하고 성장하는 힘이 있다.
그것을 점차 실현해 가는 과정이 역사다.

＊＊＊

선험적 개념과 선험적 사고방식은 모든 인간에게 공통된 것이므로, 그것에 근거하여 합리적으로 도출된 결론은 인간들 사이에서 '절대적으로 옳은 지식과 학문'으로 공유될 수 있다. 무너졌던 합리론은 이처럼 훌륭한 칸트의 철학 덕분에 부활했다.

그렇게 회복_{경험론과의 대립 해소}에는 성공했지만, 한편으로 합리론은 다음과 같은 아쉬움을 남겼다.

1 물자체는 결코 알 수 없다

인간은 변환 장치_{정신} 없이는 세상을 이해하지 못하므로, 오직 '자신의 변환 장치에 의해 왜곡된 후의 세상'만을 알 수 있다. 따라서 인간은 변환 장치로 왜곡되기 전의 진짜 세상, 물자체를 결코 알 수 없다. 즉 인간은 세상의 진리, 세상의 진짜 모습을 알 수 없으므로 그런 것을 고민해 봤자 시간낭비다.

2 인간의 사고형식을 벗어난 것은 알 수 없다

인간은 다 같은 선험적 사고형식을 갖고 있다. 그것은 다시 말해, 누구든_{아무리 대단한 천재라 해도} 인간의 사고형식 범위 내에서만 사고할 수 있다는 한계를 의미한다. 따라서 그 한계를 넘은 흥미로운 문제, 즉 우주의 기원, 자유, 신 등에 관한 해답은 결코 얻을 수 없으며, 그런 것을 고민해 봤자 시간낭비다.

결론은, 우리는 인간의 사고 범위 내에서 부분적인 진리를 찾도록 노력해야 한다는 것인데, 이 '인간 한계론'은 당시 사람들을 기운 빠지게 만들었다. 그럴 만도 하다. 모두들 보편적 진리를 찾으려고 부단히 학문을 발전시켜 왔는데 얼마나 실망스러웠겠는가.

그러나 그때 칸트와 정반대의 말, 즉 '인간에게는 한계가 없다.'라는 긍정적인 주장을 하는 사나이가 나타난다. 그의 이름은 헤겔. 그는 자신의 희망적인 철학으로 (원래 반박이 불가능하며 완벽했던) 칸트의 철학을 깨끗이 뒤집어 버렸다. 그리고 그길로 철학계의 스타가 되어 시대의 정점에 올랐고 합리주의 철학근대 철학을 완성시켜 '종결'짓는 엄청난 업적을 쌓아올렸다.

희대의
낙천주의자

이번 장의 주연인 헤겔은 수많은 철학 입문서에 '낙천적'이라고 소개되는 철학자다. 어떤 의미일까? 한마디로 표현하자면 헤겔은 '끙끙거리지 않는 성격'이라고 할 수 있다.

> 고민해도 답이 없는 문제를 고민하는 건 시간낭비고, 어쩔 수 없는 일은
> 어떻게 되든 상관없는 일이라는 뜻이지.

이것이 소위 낙천적인 사고방식인데, 헤겔이 바로 그러했다. 칸트의 비관적인 주장, 즉 '인간은 진짜 세계물체를 절대 알 수 없다.'라는 주장에 관

해서도 헤겔은 이런 낙천적인 답변을 내놓았다.

그래? 그럼 지금부터 그걸 '진짜 세상'이라고 부르지 않으면 되잖아?

맞는 말이다. 인간이 인식하지 못하는 영역을 굳이 '진짜 세계물자체=진짜 사물'라고 명명한 탓에 우리가 "인간은 세상의 진짜 모습을 알 수 없구나."라며 고민하게 된 것이다. 칸트의 물자체는 그 정의부터가 '본질적으로 절대 인식할 수 없는 무언가'다. 그래서 경험되기 전의 세상을 물자체라고 부르는 것이므로, 물자체를 경험인식할 수 있는 인간은 없다(만약 경험할 수 있다면 그것은 물자체가 아니다).

그렇다면 아무래도 상관없지 않을까? 전혀 인식할 수 없는 존재란 사실 없는 것과 마찬가지다. 알 방법도, 확인할 방법도 없는 것에 대해 아무리 고민하고 떠들어 봤자 다 부질없는 짓이다. 그런 것을 신경 쓰기보다는 볼 수 있고 만질 수 있는 세상, 즉 인간의 경험에 나타난 지금 이 세계를 '진짜 세계'로 간주하고 "이것 말고 진짜 세계는 존재하지 않는다."라고 단언하는 것이 훨씬 낫다.

이 얼마나 놀라운 해결책인가! 헤겔은 대담하게도 칸트의 세계관 중 물자체에 커다란 가위표를 쳐 버린 것이다. 물론 헤겔도 철학자이므로 그 삭제 작업에는 합리적인 설명을 덧붙였다.

물자체에 대해 이러쿵저러쿵 해도, 그것 역시 인간이 논리적으로 만들어 낸 것이다. 즉 물자체도 인간의 내부에서 생겨난 개념에 불과하다. 그렇다면 그것이 인간의 외부에 존재한다는 생각은 말이 안 되는 것 아닌가?

약간 엉성하게 들리지만 맞는 말이다. 인간의 외부인식 불가능한 영역에 '인간의 내부에서 만들어진 개념물자체'이 존재한다는 건 말이 안 된다. 이 주장에 따르면, 칸트가 인간 외부의 존재물자체에 관해 아무리 열심히 이야기해도 그것 또한 인간 내부에서 만들어진 개념, 즉 인간 내부의 존재에 불과하다. 그러므로 칸트는 인간 외부의 존재에 관해 말했다고 볼 수 없다(고작해야 '인간 외부의 존재물자체라는 개념이 인간 내부에 생겨났다.'라는 정도일 것이다). 이쯤 되면 물자체는 이미 아무것도 아니다. 물자체니 뭐니 하는 건 말도 안 되는 소리라고 웃어넘기고 처음부터 없었던 셈 치면 되는 것이다.

이것이 헤겔의 주장이지만, 그래도 무언가 석연치 않다. 그렇게 말하면 물자체뿐만 아니라 세상 모든 것이 인간 내부의 존재로 환원되므로 '모든 것은 경험인간 내부의 존재에서 생겨난 믿음'이라는 경험론과 같아지는 느낌이다. 그러나 헤겔은 그런 것에도 전혀 신경 쓰지 않았다. 그는 오히려 경험론자보다 더 경험론적 사고에 충실했고, 그 결과 놀라운 결론을 도출했다. 즉 세상의 모든 것이 인간 내부의 존재경험, 인식, 개념로 환원될 수 있다는 생각에 근거하여 다음과 같은 새로운 세계관을 만들어낸 것이다.

나(인간 정신) = 세계

이 얼마나 긍정적인 생각인가! 경험론자들이 "어차피 세상은 인간의 경험에서 생겨난 믿음, 인간 내부의 사건들의 집합에 불과해!"라는 부정적인 사고를 했던 데 비해, 헤겔은 "세상이 내 내면에서 만들어졌다고? 그럼 내가 곧 세계라는 말이잖아. 인간은 역시 대단해!"라는 긍정적인 결론을 내렸다.

사실 이 부분도 약간 엉성하게 들린다. 그러나 칸트의 장에서 살펴보았듯, 결국 인간이 보는 세계공간과 시간는 인간의 정신변환 장치에서 유래하므로 세계의 법칙과 구조를 아는 것은 곧, 인간 정신의 법칙과 구조를 아는 것과 같다. 그런 의미에서 '나인간의 정신와 세계는 본질적으로 동일하다.'라는 생각은 논리적으로 타당하다. 헤겔 철학의 본질은 헤겔의 다음 말에 잘 드러나 있다.

이성적인 것은 현실적이며, 현실적인 것은 이성적이다.

다시 말해 인간은 합리적으로 사고하는 능력이성이 있고 그것으로 현실 세계를 구성할 수 있으므로, 즉 이성의 작용에 의해 인간이 현실적이라고 인식하는 형태를 구현하므로 인간의 눈에 세상이 합리적인 구조로 보이는 것이 당연하다는 것이다. 그러면 인간의 인식에 한계가 있다는 다음 말에 헤겔은 어떻게 반응했을까?

"인간의 경험 형식은 정해져 있으므로, 세상을 인식하고 사고하는 형식도 전부 정해져 있다. 그러므로 인간의 지식에는 한계가 있으며, 인간은 보편적 진리에 도달할 수 없다."

이것은 앞서 등장한 칸트의 한계론인데, 헤겔은 이것까지 시원스럽게 부정하며 인간에게는 한계가 없다고 말했다. 헤겔에 따르면, 일단 인간의 인식이 고정되어 있다는 주장부터가 말이 안 된다. 그것은 역사를 보아도 명확하다. 만약 인간의 인식과 사고형식이 칸트의 주장대로 고정되어 있고 아무 변화도 없다면 역사는 전혀 발전하지 않았을 것이며 인간은 같은 생활을 몇 천 년이나 반복하고 있을 것이다.

그러나 현실은 그렇지 않다. 작은 촌락에서 거대한 왕권국가로, 왕권국가에서 자유롭고 평등한 민주국가로, 인류의 역사는 좀 더 세련된 방향으로 분명 전진하고 있었다. 이런 사회 시스템세계을 만든 것은 인간의 정신이므로, 인간의 정신도 똑같이 전진하고 있는 것이 틀림없다(헤겔은 세상을 인간 정신의 내부에서 생겨난 것으로 정의했으므로). 한마디로 요약하면 '나 = 세계'이며, '세계가 성장하고 있으니 나도 당연히 성장하고 있다.'라는 것이다. 헤겔은 이처럼 역사를 근거로 인간의 정신이 성장한다고 주장했다. 그런데 인간의 정신이 성장한다는 말은 구체적으로 어떤 의미일까? 헤겔은 그것을 다음과 같이 설명한다.

인간의 정신은 변증법적으로 성장한다.

여기서 말하는 변증법이란 무엇일까? 간단히 설명하면 이렇다.

1 어떤 명제 A에 관한 긍정적 의견이 등장한다.
　(예) "저 물체가 둥글다는 말에 찬성! 진짜로 둥글어!"

2 명제 A에 반대하는 부정적 의견이 등장한다.

(예) "아냐, 그 말에 반대! 그건 아무리 봐도 네모야."

3 논쟁이 오가는 중에 둘 다를 만족시키는 초월적 의견이 등장한다.

(예) "오, 이건 원기둥이로군. 원기둥은 관점에 따라 원으로도, 사각형으로도 보일 수 있어! 이해가 가는군!"

4 그러나 조금 지나면 그 초월적 의견에 반대하는 의견이 다시 등장해 3의 논쟁이 반복되고, 더 초월적인 의견이 등장한다. 이후 이런 과정이 되풀이되며 더욱 뛰어난 초월적 의견이 차례차례 등장한다.

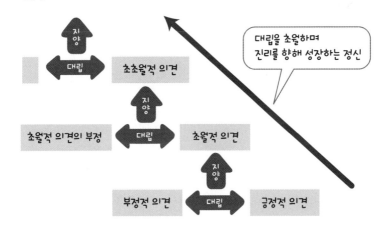

〈 변증법의 구도 〉

대립을 초월하며 진리를 향해 성장하는 정신

- **지양(止揚)**

어떤 것을 그 자체로는 부정하면서 오히려 한층 더 높은 단계에서 이것을 긍정함. 모순·대립하는 일을 고차적으로 통일해 해결하면서 현재의 상태보다 더욱 진보한다. 변증법의 중요한 개념이다.

사실 별 것 아닌 이야기다. '변증법'이라는 명칭 때문에 조금 낯설게 느껴질지도 모르지만, 헤겔의 변증법은 의외로 단순하다.

지금까지 '옳다'고 생각했던 것이 어느 날 '틀렸다'고 부정될 수 있어. 그래도 끙끙대며 고민하다 보면 더 뛰어나고 타당한 생각이 나타나지. 인간은 그런 과정을 반복함으로써 더 훌륭한 생각을 끝없이 찾아낼 수 있어.

단순히 이런 이야기다. 그리고 실제 역사를 돌아보면 인간의 사회 시스템이 그야말로 변증법적으로 발전했다는 것을 알 수 있다.

처음에 인간은 작은 마을에서 모두가 협력하며 소박하게 살았다(긍정적 의견). 그러나 어느 날, 자신들이 다른 마을의 습격을 받을까 봐 밤에도 편하게 잘 수 없는 부자유한 상태에 있음을 자각한다(부정적 의견). 그래서 모두의 힘을 한 사람에게 맡겨 강대한 왕의 자리에 앉힘으로써 모두를 지키게 하는 왕권국가의 사회 시스템을 고안한다(초월적 의견).

헤겔은 이처럼, 역사는 우연히 발전하지 않으며 일관된 흐름에 따라 합리적으로 발전한다고 주장한다. 왜냐하면 세계를 만들어낸 '인간의 정신'이 세상을 합리적으로 이해하고 합리적으로 개선하는 변증법적인 존재이기 때문이다.

그러나 유감스럽게도 헤겔의 이런 논리역사관는 현대에는 설득력이 떨어진다. 우리 현대인은 '시간이 갈수록 역사는 발전한다.'라는 낙관적인 주장

　　　　　　　　　　　　　　　　　　　　　　제2장 | 합리주의 철학

에 동의하지 못한다. 헤겔의 시대가 끝난 후 두 번의 세계대전, 인종차별에 의한 대학살, 핵무기의 대량 생산 등 발전은커녕 오히려 퇴보라 할 만한 사건이 속출했기 때문이다. 심지어 종교 전쟁과 지역 분쟁으로 인해 앞으로 더 악화될지 모른다.

그러나 적어도 헤겔의 시대에는 그의 역사관이 큰 설득력을 발휘했다. 때마침 프랑스혁명 사치에 빠져 있던 왕 때문에 분노한 시민들이 왕을 단두대에 올린 사건이 일어나 사람들 모두가 거기에 심취해 있었기 때문이다.

"왕이 권력을 거머쥐는 게 당연했는데 이런 일이 일어나다니! 역사는 움직이는구나! 어쩌면 우리 아이가 자란 후에는 왕이 없는 자유롭고 평등한 세상이 펼쳐질지도 몰라!"

모두가 이렇게 흥분해 있었으므로 대다수가 '역사는 확실히 발전한다.'라는 말을 사실로 받아들였다. 사람들은 또한, 칸트가 인간의 인식을 완벽히 분석해 그 한계를 밝혀낸 것에 대한 불만이 컸는지도 모르겠다. 어쨌든 헤겔의 낙관적이고 희망적인 철학은 당시 사람들에게 박수갈채를 받았고, 헤겔은 일약 철학계의 대스타가 되었다.

변증법적 발전의
끝

그러나 헤겔의 낙관적인 철학은 여기서 끝나지 않았다. 역사에 이름을 남긴 철학자는 극단을 파고들기 마련이다. 즉 자신이 생각한 철학의 끝, 아무도 반박할 수 없을 만한 궁극의 지점까지 도달하려고 한다. 헤겔은 "인간세계은 변증법에 따라 끝없이 발전한다."라고 주장했는데, 그렇다면 그 발전의 끝에는 무엇이 있을까? 변증법이 궁극에 달하면 인간은 과연 어떻게 될까? 헤겔은 군이 그런 궁극의 상태를 상정하며 이렇게 말했다.

인간은 그때 자신이 '절대 정신'임을 알게 된다.

여기서 말하는 '절대 정신'이란 절대적인 자유를 소유한 정신, 더 간단히 말해 만능인 존재, 즉 '신'이다. 헤겔은 놀랍게도 "변증법의 끝에 이르면 인간은 신이 된다."라고 말한 것이다! 헤겔 철학의 그림은 결국 이렇게 전개된다.

나 = 세계 = 신 (절대 정신)

이쯤 되면 긍정이 지나친 듯한 느낌이다. 실제로 이 절대 정신에 대해서는 후세의 평가가 그리 좋지 않다. '정신세계은 변증법적으로 발전한다.'에서 멈추었다면 모두 박수를 치며 칭송했겠지만, 인간은 결국 완벽한 자유를 실현한 절대자가 된다고 주장한 탓에 "증명 불가능한 절대 정신 같은 헛소리를 끌어들였다."라는 비판을 피할 수 없었다.

실제로 헤겔의 절대 정신을 유치한 과대망상이라며 비판하는 해설서도 많다. 그래도 잠시만 생각해 보자. 헤겔은 왜 그런 말을 했을까? 그 이유를 알기 위해서는 헤겔이 합리주의 시대의 철학자임을 기억해야 한다. 그 시대 철학자들의 주된 주제는 무엇이었을까? 그들은 하나같이 '인간이 인식한 것은 정말로 옳은가주관적으로 이해한 물질 및 합리적인 사색으로 도출한 법칙이 과연 객관적 세계의 물질 및 법칙과 일치하는가?'하는 인식론의 문제, 즉 '인간이라는 사진기는 세상을 제대로 찍고 있는가?'하는 문제를 다루었다. 왜냐하면 그것이 확실히 보장되지 않는 한 어떤 학문의 타당성도 보장할 수 없었기 때문이다.

헤겔도 마찬가지였다. 그 역시 아무 목적 없이 절대 정신 같은 이야기를 꺼낸 것이 아니다. 합리주의 시대의 철학자로서 인식론 문제를 해결하기 위해 그런 개념을 고안한 것이다. 그러면 헤겔은 절대 정신을 통해 인식론 문제에 어떤 답을 내놓았을까? 사실 그 답은 이미 말했다. 헤겔이 칸트의 물자체에 커다란 가위표를 친 대목에서 말이다.

이에 대해 헤겔의 저서 《정신 현상학》1807년에 나온 한 부분을 살펴보자. 원문은 너무 난해해 좀 더 이해하기 쉽게 풀이했다.

우리가 무언가에 대한 지식을 얻을 경우, 그 지식은 당연히 '우리에게만' 성립되는 하나의 대상물이다. 그러므로 우리가 무언가에 대한 지식을 주장할 때, 우리는 물질의 진짜 모습을 알아맞히는 것이 아니라 '물질의 진짜 모습에 관한 지식이 우리의 대상으로서 존재한다.'라고 주장해야 한다. 즉 실재는 우리 안에 있다.

즉 우리가 "탁자 위에 사과가 있다."고 말할 경우, 확실히 있다고 말할 수 있는 것은 '사과 그 자체'가 아니라 '사과가 거기에 있다는 지식개념'이다. 그래서 만약 '실제로 만져 봤더니 사과가 아니라 딸기였다'고 하더라도 "사실은 거기에 딸기가 있다!"라고 말해서는 안 된다. 정확히 "사과가 아니라 딸기였다는 새로운 지식이 우리 내부에 생겨났다."라고 말해야 한다.

결론적으로 모든 것은 인간 내부에서 유래한 지식, 즉 '정신 현상'물질이 존재한다'는 생각이 마음속에 생기는 것'에 불과하므로 그 정신 현상의 외부에 물질이 존재한다는 말 자체가 본질적으로 성립되지 않는다. "인간의 정신 현상 외부에 인간과는 관계없는 물질이 존재해!"라고 주장하더라도 그 생각조차 인간 내부에서 생겨난 것이기 때문이다.

이쯤 되면 헤겔은 과거의 철학자들이 구축한 세계관의 구도를 통째로 부정한 셈이다. 과거의 세계관을 요약하자면 이렇다.

내가 존재한다. 그리고 나와는 관계없이 독립된 세계가 존재한다.

이것은 누구나 처음으로 인식할 법한 소박하고 당연한 세계관이지만, 이 세계관을 받아들이면 반드시 '그런데 나는 그 세계를 제대로 인식하고 있는가?'와 같은 인식론 문제에 맞닥뜨리게 된다.

〈 이전의 세계관 〉

이 세계관을 받아들이면
'나는 세계를 올바르게 인식하고 있는가?'
하는 문제가 발생한다.

세계가 있다

인식

내가 있다

세계와 나

실제로 데카르트, 칸트를 비롯한 많은 철학자들이 이 문제에 직면해 갑론을박을 펼쳐 왔지만, 헤겔은 그런 세계관 자체가 애초에 틀렸기 때문에 쓸데없는 혼란이 야기되었다고 주장한다. 앞서 말했다시피, 헤겔에 의하면 인간으로부터 독립된 세계인간과는 관계없이 인간의 외부에 존재하는 세계 따위는 존재하지 않기 때문이다.

인간이 '세계'라고 부르며 '세계'라고 생각하는 것 전부가 인간의 내부에서 발생한 정신 현상에 불과하므로, 올바른 세계관의 구도는 다음 쪽의 그림과 같다. 이 구도에서는 '나는 세계를 제대로 인식하고 있는가?'라는 문제가 발생하지 않는다. 내가 인식한 것이 세계이며 '나의 인식'과 '세계'는 동일하기 때문이다. 즉 헤겔은 과거의 철학자들이 필사적으로 매달렸던, '인식과 세계가 일치하느냐?' 하는 문제를 애당초 생각할 필요도 없는 가짜 문제로 간주하고 깨끗하게 지워 버린 것이다.

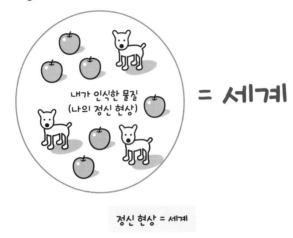

〈 헤겔의 세계관 〉

내가 인식한 물질
(나의 정신 현상)

= 세계

정신 현상 = 세계

하지만 여전히 이렇게 말하고 싶은 사람이 있을지도 모른다.

물질이 존재하거나 정해진 법칙대로 움직이는 듯 보이는 건 사실 모두 인간 내부의 사건, 정신 현상이었다는 말은 이제 알겠어요. 하지만 그렇다고 인간이 물질의 움직임을 제어할 수 있는 건 아니잖아요. 그렇다면 역시나 물질은 인간과는 별개로 존재하는 것 아닌가요? 그렇다면 '별개로 존재하는 물질을 인간이 관찰(인식)한다.'라는 예전의 구도가 더 타당한 것 같은데……

그러나 헤겔에 의하면 '인간이 제어할 수 없는 물질이 존재한다.'라는 생각부터가 틀렸다. 헤겔의 세계관에는 인간과 대립하는 생각대로 되지 않는 물질이 존재하지 않기 때문이다. 지금은 '인간이 어쩔 수 없는 물질', '예측 불가능한 물질', 즉 '타자'가 존재하는 것처럼 보일지도 모른다. 그러나 지금은 인간의 정신이 아직 미숙해서 그런 불가해한 타자가 '존재하는 듯' 보일 뿐이며 사실상 그런 것은 존재하지 않는다.

이처럼 존재하지 않는다고 단언할 수 있는 이유는 무엇일까? 인간의 정신에는 '모든 대립을 해소하고 성장하는 변증법적 특성'이 있다는 사실이 역사적으로 증명되어 있기 때문이다. 원래 변증법이란 더 높은 차원의 인식이해을 실현하고 사물의 대립을 해소하여 성장하는 것인데, 그것은 다시 말해 인간에게 부조리한 일, 불가해한 일을 차례차례 없애는 것이기도 하다.

그러므로 변증법적 발전을 거듭하면 궁극적으로는 인간의 생각대로 되지 않는 물질, 이해할 수 없는 물질이 사라진 세상이 실현될 것이다. 설사 그런 물질이 남아 있더라도, 우리는 그것들을 고차원적인 인식으로 받아들일 수 있다. 즉 사실상 대립은 해소된다. 예를 들자면 이런 식이다.

왜 7은 2가 아니지? 7은 왜 2가 될 수 없는 거지? 왜 내 생각대로 안 되는 거야! ➡ 7은 7로 충분하지 않아? 고민할 필요가 없으니 만사 해결!

이처럼 변증법의 끝에 도달한 궁극의 정신 상태에는 물질 자체가 존재하지 않는다. 왜냐하면 우리가 일반적으로 '물질'이라고 부르는 것은 결국 인간과 대립하는 무언가이기 때문이다. 인간은 자신이 제어하지 못하는 정신현상에 '물질'이나 '사과'와 같은 이름을 붙여 인식할 뿐이다. 그러므로 모든 대립이 해소된 정신 상태에는 물질이 존재할 수 없다.

이 궁극의 상태, 즉 인간주관과 대립하는 물질객관이 없어진 상태를 상정하면 '모든 세계가 나정신 그 자체'라는 말의 뜻을 이해할 수 있다. 손발을 자기 생각대로 자유롭게 움직이거나 손발의 움직임을 완전히 이해할 수 있을 때, 우리는 그것을 자신의 일부로 인식한다. 그와 마찬가지로 세상 모든 것을 이해하게 될 때, 우리는 그것을 자신의 일부로 간주할 수밖에 없다.

주관과 객관이 분리된물질이 있는 상태가 정신 미숙으로 인한 과도기적 상태이며, 주관과 객관이 합일된물질이 없는 상태가 우리의 정신이 언젠가 도달할 궁극적 상태라고 한다면, 역시나 이전의 철학자들이 매달려 왔던 인식론 문제주관과 객관은 일치하는가는 가짜 문제라고 할 수 있다.

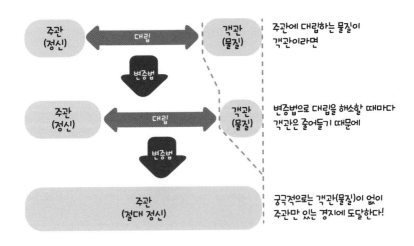

헤겔은 지금까지의 설명을 다음의 유명한 말로 표현했다.

진리는 전체다.

즉, 주관도 객관도 없고 인간도 물질도 없으며 나도 너도 없는 상태. 모든 문제가 해소되고 모든 대립이 극복되며 모든 사물이 이해된 상태. 그래서 "다 완벽해!"라고 외칠 수 있는 상태. 헤겔은 그렇게 모든 것이 하나로 완전히 통일된 궁극의 상태야말로 '진리'라 부를 만하다고 주장했다.

여기서 헤겔의 철학이 동양 철학과 매우 비슷하다고 느낀 사람이 있을 것이다. 적절한 감상이다. 사실 헤겔의 철학은 인도의 범아일여梵我一如, 고대 인도인이 가진 세계관의 근본 사상 철학, 석가의 불교, 노장 사상의 도道와 그 뿌리가 같다. 사실 선禪, 마음을 가다듬고 정신을 통일해 무아적정의 경지에 도달하기 위한 행위을 수행하는 동양 철학자들에게 인식론 문제를 물었다가는 "쓸데없는 말이 많구나(주관과 객관이 별개라는 처음 전제부터가 틀렸다)!"라는 일갈로 호되게 얻어맞을 뿐일 것이다.

자, 이쯤 이야기했으니 이제 헤겔이 얼마나 괴물 같은 철학자인지 잘 알았을 것이다. 헤겔은 데카르트 이후 서양의 철학자들이 하나같이 매달렸던 '내가 있고, 그런 내가 세계를 인식한다.'라는 세계관을 한방에 깨부수어 버렸다. 또 석가를 비롯한 위대한 동양 철학자들의 세계관을 서양 철학에 끌어들여 인식론을 끝장내 버렸다. 이것이 그가 '근대 철학의 완성자'라고 불리는 이유다.

3

실존주의 철학

마치 공장에서 생산되는 사진기를 조사하듯, 인간의 사고를 분석하고 본질을 규정지으려 한 합리주의에 대한 제동이 시작되었다. "인간은 각자가 자신의 의지로 존재 방식을 바꿀 수 있는 가능성을 지녔다. 인간은 '인간이란 이런 것'이라는 일반화된 말로 결코 환원할 수 없는 특별한 실존이다!" 바로 실존주의 철학의 외침이었다.

키르케고르

Søren Aabye Kierkegaard 1813~1855

이 세상에 절망하지 않는 사람은 없다

누군가가 절망에 빠져 있을 때
우리는 "가능성, 가능성을 갖고 와!"라고 외쳐야 한다.
가능성만이 유일한 구원이다.

　신앙의 시대가 끝난 후, 인류는 합리적인 사고력에 의지하여 학문을 발전시켰다. 그러나 그때 '인간이 합리적으로 인식하고 사고한 결과는 과연 세계의 진짜 모습과 일치할까?'하는 문제가 발생했다. 이에 대해 데카르트는 '신이 존재하기 때문에 인간의 인식과 세계의 진짜 모습은 일치한다.'라고 주장했고, 칸트는 '우리는 인간 특유의 형식으로 변환된 후의 물질밖에 인지하지 못하므로 우리의 인식은 세계의 진짜 모습과 일치하지 않는다.'라고 주장했다. 어쨌든 그들은 공통적으로 '나와 세계'로 이루어진 이원론적 세계관을 채용했다.

내가 존재한다. 세계가 존재한다. 그리고 나는 세계를 인식한다.

　그런데 기본적으로 이원론적 세계관세상은 전혀 다른 두 요소로 성립된다은 예전부터 회의적인 시각이 많았다. 그것은 처음에 '사과와 귤'이라는 서로 독립된 존재를 정의해 놓고, 결국은 '서로 독립된 사과와 귤 사이에 어떤 연관성이 있을까?'라고 고민하게 만드는, 소위 스스로 만든 모순에 빠지기 쉬운 사고방식이기 때문이다.

　그 대표적인 예가 '영혼과 육체'의 이원론이다. 영혼을 육체와 분리된 비물질적 존재로 정의한다면 영혼이 육체물질를 조종할 수 있는 것에 논리적 모순이 생긴다. 또 영혼이 육체를 조종할 수 없다면 영혼이 왜 존재하는가 하는 의문이 생긴다. 실제로 데카르트는 자신의 책에서 영혼과 육체가 분

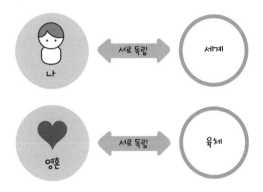

〈 이원론적 세계관 〉

서로 독립

나 / 세계

서로 독립

영혼 / 육체

리되어 있다는 주장을 했다가 어떤 여자아이로부터 "그러면 영혼은 육체를 어떻게 조종할 수 있죠?"라고 묻는 편지를 받고 무척 난처해했다고 한다. 그때 헤겔이라는 괴물이 등장한다. 그는 "전부 굴이야! 사과가 있는 것처럼 보이지만 사실은 전부 굴이야!"라며, "모든 것은 내 정신 현상이다! 물질이 있는 것처럼 보이지만 사실은 전부 내 정신 현상이야!"라고 주장하는 일원론적 세계관내 정신 현상 = 세계을 펼쳤다. 그리고 '이원나와 세계이 서로 어떻게 연관되어 있는가?'라는 질문 자체를 무효로 만들어 버리는 대담한 방법으로 당시의 철학적 과제를 단숨에 해결했다.

　헤겔에 의해 합리주의 시대인식과 합리적 능력의 타당성을 필사적으로 주장한 시대의 철학은 무너졌다. 그럴 만도 하다. 헤겔이 인식론의 문제 자체를 해체하고 인간은 합리적인 능력을 활용해 언젠가 모든 대립을 해소하고 신과 같은 절대 정신이 된다는 극단적인 주장까지 했으니까.

이로써 한 가지 주제에 몰두하던 한 시대의 철학은 끝이 났다. 그러면 다음 시대에는 어떤 철학이 등장할까? 일단 전 시대의 철학과 같은 주제를 다루어서는 앞으로 나아갈 수 없다는 것만은 분명하다(이 말은 '그보다 더 궁극적인 이야기를 찾을 수 없다.'로 바꿔 이해해도 좋을 것이다). 그러므로 다음 시대의 철학은 전혀 다른 주제, 그것도 전 시대의 철학을 완전한 착각이라며 비웃을 만한 주제를 채택해야만 한다.

그러면 그다음 시대의 철학, 전 시대에 완성한 위대한 합리주의 철학을 근본부터 뒤엎을 만한 새로운 철학은 무엇이었을까? 그것은 '실존주의' 철학이다.

본질의 단정을
거부한다

합리주의 다음에 실존주의가 등장했다. 그런데 과연 실존주의란 무엇일까? '실존'이라는 단어 자체가 낯설겠지만, 풀어 보면 '현실존재'의 줄임말이다. 그러므로 실존주의는 곧 '현실존재에 관한 주의'다. 더 쉽게 말하자면 이렇게 정의할 수 있다.

현실존재를 중시하는 사고방식

그러면 현실존재란 무엇이냐고 묻고 싶을 것이다. '현실존재'의 맞선 말로 '본질존재'라는 말이 있는데, 두 단어를 함께 들어 설명하는 편이 나을 듯하다. 즉 실존주의란 다음의 생각에서 출발한 철학이다.

과거의 철학이 본질존재에만 집착했으니 이제 그 정반대인 현실존재에 주
목하자.

그러므로 실존주의를 제대로 이해하려면 본질존재와 현실존재를 모두
알아야 하며, 양자가 서로 어떤 관계에 있는지도 알아야 한다. 아래 표에
본질존재와 현실존재가 대비되어 있다. 우선 표 왼쪽의 현실존재를 살펴보
자. '사과 A, 사과 B 등 각각의 사과', '돌이 낙하하고, 공이 낙하하는 등 각
각의 낙하 현상'이 그려져 있다. 즉 현실에서 보거나 만질 수 있는 각각의
물질과 사건이 현실존재다. 좀 더 단순하게 이해하려면 '현실존재 = 현실

현실존재	본질존재
	사과는 빨갛고 둥근 과일 수확 시기는 8~11월 자유 낙하 운동 $v = gt$
현실의 사물 (보거나 만질 수 있다)	사물의 본질 (보거나 만질 수 없다)

제3장 | 실존주의 철학

적 사물'로 바꿔 읽어도 좋다.

이번에는 오른쪽의 본질존재를 살펴보자. '빨갛고 둥근 과일. 수확 시기는 8~11월', '자유 낙하 운동공식'이 나타나 있다. 즉 각각의 물질과 사건에서 도출된 일반적이고 보편적인 성질 및 법칙이 본질존재다. 본질존재라는 말이 어렵다면 그것을 그냥 '본질'로 바꿔 읽어도 좋다.

표에서 살펴보았듯, 현실에 존재해 보거나 만질 수 있는 것이 현실존재, 그렇지 않은 것이 본질존재다. 그런데 우리는 기본적으로 본질존재를 중시하는 경향이 있다. 과학을 예로 들어 보자. 과학이란 각각의 물리현상을 관찰해 일반적이고 보편적인 성질과 법칙을 도출하는 행위를 말하는데, 이 행위는 명확히 '현실존재관찰 가능한 각각의 사물과 현상에서 본질존재보편적 성질를 도출하는' 방향성을 보인다. 즉 과학이란 본질존재를 중요시하여 그것을 추구하는 행위다. 그 외에도 생리학, 화학, 수학 등 대부분의 학문이 각각의 사상에서 본질을 도출하는 행위, 즉 본질존재를 중시하는 일이다.

거창하게 들리지만 어려운 이야기는 아니다. 사실 학문이 사물의 본질을 추구하는 것은 당연하다. 인간에게는 본디 사물의 본질을 추구하는 강한 의지가 있으며, 그 덕분에 인류는 몇 천 년이 넘는 시간 동안 이만큼의 학문을 발전시킬 수 있었다. 그런데 실존주의가 너무 본질만 추구하면 안된다며 그 의지에 찬물을 끼얹은 것이다. 왜일까? 본질을 추구하는 행위는 거듭 생각해도 바람직하지 않은가? 실존주의는 대체 무슨 말을 하려는 것일까?

사물의 본질을 추구하고 학문을 연구하는 것은 분명 훌륭한 일이다. 그래도 그것 때문에 오만해져서 그 방식을 자기 자신, 즉 '지금 여기에 존재하는 인간(현실 존재)'에게까지 적용하려 하지 말라.

타당한 말이다. 그러면 본질을 추구하는 방식을 '인간' 자신에게 실제로 한번 적용해 보자. '인간학'이라는 학문이 있다고 가정하자. 위대한 학자들이 모여 인간의 본질을 연구하는 학문이다. 이 학문이 인간의 본질을 알아냈다고 선언했다. 그 내용은 다음과 같다.

인간은 언어 기능이 있는 이족 직립 보행형 포유동물이다. 이 동물은 자신의 이익을 위해 태연하게 거짓말을 하는 이기적 특징이 있고, 무리 중 가장 약한 자를 집단적으로 괴롭히는 단결력을 보이는 등 특이한 성질을 보인다. 생식은 유전적으로 열악한 개체를 제외하고는 30대 후반까지 이루어지며, 보통 하나에서 셋 정도의 자식을 낳는다.

어떠한가? 어떤 면에서는 이것이 인간의 본질일지도 모른다. 그러나 이것을 '인간의 진정한 본질'로 단언한다면 받아들일 사람이 많지 않을 것이다. 사실 이것이 아닌 다른 내용-가령 인간을 찬양하는 긍정적인 내용, 또는 인간의 대부분이 해당될 듯한 타당한 내용이라 해도 사람들은 역시 수긍하지 않을 것이다. 대번에 "아니야, 그렇지 않은 사람도 있잖아."라고 반박할 수 있기 때문이다.

그러나 잘 생각해 보자. 우리는 사과에 대해서는 그렇게 꼬치꼬치 따지지 않는다. "사과는 빨갛고 둥근 과일이다."라고 말한 사람에게 "가끔은 둥글지 않은 것도 있어!"라고 반박할 사람은 별로 없다. 왜일까? 사과와 인간은 무엇이 다른 것일까? 그것은 인간이 자유 의지_{자신의 인생을 스스로 결정할 수 있는} _{주체적 의지}를 지녔기 때문에, 혹은 그것을 지녔다고 일반적으로 믿고 있기 때문이다. 가령 인간학의 한 위대한 연구자가 "인간은 거짓말쟁이다. 인간은 본질적으로 거짓말을 한다."라고 말했다고 치자. 그리고 그 시점의 인류가 정말로 모두 거짓말쟁이라고 하자. 그래도 우리는 그 본질을 다음과 같이 부인할 수 있다.

"아냐, 나는 달라. 나만은 그렇지 않아. 나는 지금부터 거짓말을 절대 하지 않을 거야!"

이처럼 우리는 스스로 결단함으로써 '인간은 거짓말쟁이다.'ㄴ라는 본질을 뒤집을 수 있다.

"인간은 남을 괴롭히는 동물이라지만 나는 절대 그러지 않을 거야. 나는 반드시 너를 지킬 거야!"
"세상 모든 사람이 너를 비난하거나 모두가 합리적인 판단에 따라 너를 틀렸다고 말해도 나는 무조건 네 편이야. 나는 반드시 너를 지킬 거야!"

인간이 이렇게 결단할 수 있는 이상, 인간은 '인간의 본질'을 알아맞힐 수 없다. 인간의 본질을 무어라고 말하든 관계없이, "그래도 나는 다르다! 나는 그렇지 않아!"라고 말할 수 있기 때문이다. 이것은 사과 등의 식물이나 다른 동물에게는 없는 인간만의 특징이다. 누군가 '사과란 이런 것이다.'

라며 그 성질과 기능적 특징을 규정하더라도 사과는 그것을 '거스를' 수 없다. 하지만 인간은 그럴 수 있다. 인간은 자신의 의지로 다른 선택지를 고를 '가능성'을 지닌 존재다.

그러나 본질만을 추구하는 사람들, 책상 앞에서 논리합리만 주무르는 학자들은 이 가능성을 깡그리 무시한다. 본래 인간이란 본질에 관해 아무런 단정도 할 수 없는 특수한 현실존재, 즉 '실존'이다. 그런데도 학자들은 '인간이란 이런 것'이라며 오만하게 단정한다. 실존주의는 이런 철학에 제동을 걸기 위해 본질만을 주목해서는 안 된다고 주장한 것이다.

실존주의의 관점에서 이전 시대의 철학을 돌아보면 어떨까? 칸트부터 살펴보자. 그는 인간 인식의 한계, 그리고 인간이 무엇을 생각하고 무엇을 생각하지 못하느냐를 고민했는데, 이것은 그야말로 본질을 중시하는 사고방식이다. 개개인의 차이와 가능성은 안중에도 없이 '인간의 인식능력과 사고기능은 이것이 한계다.'라며 인간을 일률적으로 정의했기 때문이다.

이전 시대의 철학을 완성한 헤겔은 어떨까? 그는 더 심각하다. '인간은 변증법적인 특징이 있어서 누구나 절대 정신모든 대립을 해소한 궁극의 정신을 향해 살아간다.'라는 그의 주장은 인생의 의미와 목적인간의 본질을 완전히 단정하고 있다. 물론 앞서 말했듯 그런 단정은 불가능하다. 우리에게는 그 단정을 거스를 수 있는 의지가 있기 때문이다.

내 인생의 의미와 목적을 네 멋대로 단정하지 마. 난 '절대 정신' 따위는 되지 않아. 변증법 같은 것도 몰라.

칸트와 헤겔, 그리고 모든 합리주의 철학자들은 마치 공장에서 찍어낸 사진기를 조사하듯 인간의 능력인식, 사고을 분석했다.

인간은 각자가 자신의 의지로 존재 방식을 바꿀 수 있는 '가능성'을 지녔다. 인간은 '인간이란 이런 것'이라는 '일반화된 말(즉 본질)'로 결코 환원할 수 없는 특별한 실존이다.

그래서 이같이 중요한 사실을 잊어버렸고 핵심이 빠진 삭막한 학문을 만들어내고 말았다. 그러나 이런 결핍을 알아채고, 한 시대를 풍미했던 합리주의 철학을 한방에 무너뜨린 괴물 중의 괴물이 나타난다. 그가 바로 덴마크의 철학자 키르케고르다.

부정적 인간의
절망

우선 키르케고르의 품성을 소개하자면, 한마디로 그는 '부정적'인 사람이었다. 이전 시대 철학의 패권을 쥐었던 헤겔이 긍정적인 인간이었던 것을 떠올려 보자. 그런 헤겔의 철학을 부정적 인간이 뒤집은 것은 어쩌면 필연이었는지도 모르겠다.

그럼 키르케고르는 얼마나 부정적인 사람이었을까? 그의 성격을 드러내는 일화는 수없이 많다. 일례로 그는 자신이 일찍 죽을 것이라고 굳게 믿었다. 키르케고르의 아버지는 젊은 시절 너무 가난해서 신을 저주한 벌로 자신의 자식이 일찍 죽을 것이라고 믿었는데, 키르케고르가 그 믿음을 이어받은 것이다. 실제로 그의 형제자매 일곱 명 중 장남을 제외한 다섯 명이 요절했으며, 그나마 오래 산 장남도 정신 질환을 앓았다고 한다. 또 키르케고르의 친척 중에는 자살로 죽은 사람이 많았다. 신에게 저주받은 일족, 그것이 키르케고르의 가계였다.

약혼을 갑작스럽게 파기한 사건도 키르케고르의 부정적인 성격혹은 비뚤어진 성격을 잘 드러낸다. 상대는 10살 연하의 미소녀 레기네 올센Regine Olsen. 키르케고르는 당시 14살이었던 그녀에게 한눈에 반해 책을 선물하거나 갑자기 글을 낭독해 주거나, 멋대로 책에 대한 해석을 강의하는 등 온갖 정성을 쏟아 결국 그녀와 약혼하는 데 성공했다.

여기까지는 사랑하는 미소녀와 맺어진다는 아주 행복한 이야기다. 키르케고르로서는 엄청난 행운이 찾아온 셈이다. 그런데 그는 놀랍게도 이 약혼을 일방적으로 파기했다. 물론 단순히 레기네가 싫어진 것은 아니었다. 실제로 키르케고르는 파혼 후에도 레기네를 찬미하는 시를 일기장에 썼고, 그녀가 다른 남자의 아내가 된 후에도 미련 가득한 편지를 거듭 보냈다 (남편이 거의 다 반송해 그녀에게 도착하지는 못했지만). 키르케고르는 파혼 후에도 계속 레기네를 사랑한 것이다. "그렇게 사랑했다면 그냥 결혼하면 되는 거 아니야?"라고 말하고 싶겠지만, 워낙 부정적인 인간이었던 키르케고르로서는 이런저런 생각이 많았던 듯 싶다(사실 파혼의 진짜 이유는 지금까지도 밝혀지지 않았다).

이렇게나 부정적 성격인 키르케고르는 헤겔의 낙천적인 철학을 싫어했고, 그것을 철저히 비판하는 철학서를 집필했다. 그는 구체적으로 헤겔 철학의 어떤 점을 싫어했을까? 앞서 말했다시피 헤겔은 '인간의 정신 현상은 이러이러한 성질을 지니고 있다.'라며 인류 공통의 특징, 즉 인간의 본질을 밝히는 장대한 학문 체계를 구축했다. 그러나 키르케고르는 인간이란 그런 식으로 통틀어 말할 수 있는 존재가 아니라고 생각했다. 그건 너무 오만하지 않은가? 말하자면 연구실에 틀어박혀 책만 보던 학자가 어느 날 갑자기 거만한 태도로 "인간이란……"이라고 평하는 듯한 느낌이다. 키르케고르의 눈에는 헤겔의 철학이 현실에 살아 있는 인간_{보거나 만질 수 있는 현실적인 존재}을 무시한 채, 일반화되고 추상화된 인간_{보거나 만질 수 없는 비현실적인 존재}에 관해서만 이런저런 논리를 갖다 붙여 정의한 탁상공론에 불과했다.

이것이 키르케고르가 헤겔의 철학을 싫어한 이유다. 여기에는 '현실적인 존재를 논리만으로 설명할 수 있다는 것은 교만한 오해다.'라는 실존주의자다운 사고방식이 반영되어 있다. 그런데 키르케고르가 이런 생각을 품게 된 데는 아버지에 대한 반발심이 하나의 원인으로 작용했는지 모른다. 키르케고르는 그의 아버지가 50세에 낳은 아들로, 소위 늦둥이였다. 아버지는 그가 태어난 지 얼마 되지 않아 본업에서 은퇴하고 집에 칩거하며 어린 키르케고르에게 직접 영재교육을 시켰다. 물론 사랑하는 아들을 훌륭하게 키우는 것이 목적이었겠지만, 그 방식은 사뭇 상식에서 벗어나 있었다. 후일 키르케고르는 그 당시를 "광기 어린 교육이 어린 나를 짓눌렀다."라고 회고했다.

예를 들어 아버지는 어린 키르케고르에게 엄밀한 논리를 요구하며 논리가 결여된 대화를 일절 허락하지 않았다. 7살도 안 된 어린아이가 무슨 말이라도 하려고 하면 그것을 논리적인 관점에서 철저히 분석한 후 처음부터 논리적인 근거를 제시해 다시 말하라고 강요한 것이다. 또한 키르케고르의 바깥 놀이를 금지하고 오직 방 안에서 공상의 여행을 하도록 했다. 구체적으로 말해, 아버지가 먼저 다양한 지명과 명소를 자세히 설명하면 키르케고르는 그것을 주의 깊게 들은 후 한 번도 간 적 없는 그곳을 마치 실제로 가 본 것처럼 극명하게 묘사한 '여행 추억담'을 만들어 아버지에게 들려주어야 했다.

그런 어린 시절을 생각해 보면, 키르케고르가 명석한 논리로 말하는 능력을 갖춘 훌륭한 인간으로 자란 것과, 보지 못한 것을 논리적으로 설명하거나 그 논리를 일방적으로 강요하는 성인을 증오하게 된 것도 무리가 아닌 듯 보인다. 또 키르케고르가 헤겔 철학_{합리주의 철학}에 혐오감을 품게 된 것도 그런 어린 시절이 일조했을지 모른다.

키르케고르는 헤겔의 변증법을 강하게 의심했다. 헤겔은 인간에게 무언가 부정적인 감정과 상황이 발생하더라도 변증법에 의해 모든 문제가 언젠가 해결될 것이라고 낙관했지만, 키르케고르에게 그것은 너무나 현실에서 동떨어진 사고방식이었다. 세상 사람들 대부분은 그런 부정적 감정과 상황을 '해결하지 못한 채' 죽기 때문이다. 해결할 수 없는 고통과 번민을 안고 현실을 살아가며, 그것을 떠안은 채 죽는다. 그것이 키르케고르가 본 현실적인 인간의 모습이었다.

결국 우리는 유한한 시간 속에서 유한한 선택밖에 할 수 없는 가련한 존재들에 불과하다. 그런 존재로 이 세상에 내던져졌으면서 모든 것을 해결할 수 있다니 말도 안 된다. 우리가 할 수 있는 것은 이것과 저것 중 하나를 고르는 유한한 선택, 즉 '결단'뿐이다. 헤겔은 그런 쉬운 사실도 모르면서

"괜찮아, 네 고민은 언젠가 해결될 거야. 인간은 어떤 문제든 해결할 능력이 있어. 그리고 언젠가 모든 문제를 해결하면 절대 정신이 될 거야."라고 득의양양하게 말한 것이다.

아니야. 그렇지 않아. 모두 그 전에 죽는다고! '언젠가'라니, 그게 대체 언제야? 우리 개인들과는 아무 상관 없는 이야기잖아. 절대 정신이니 뭐니, 꿈같은 소리 하지 말고 현실적으로 생각하란 말이야!

다시 말해 키르케고르에게 헤겔은 '논리적으로 옳은 이야기만 늘어놓은 사기꾼'에 불과했지만, 곤란하게도 당시 그가 살던 덴마크에서는 헤겔의 철학이 큰 각광을 받고 있었다. 주위 친구들도 모두 헤겔을 칭송했다. 당연히 키르케고르에게는 불리한 상황이었다. 엄밀히 말해 견디기 힘든 상황이었을 것이다. 잠시 상상해 보자. 명확한 거짓말을 하는 사기꾼이 하나 있는데, 마을 사람들 모두가 그를 칭찬하고 자기 혼자만 그 정체를 알고 있다. 모든 것을 초월한 성인군자가 아닌 이상, 사실을 모르는 척하고 지내기는 어렵다.

그러면 어떻게 해야 할까? 이 질문에 답은 하나뿐이다. 주위 사람 모두를 적으로 돌리더라도 그 상황을 어떻게든 해결하기 위해 싸우는 것이다. 일설에 의하면, 키르케고르는 철학에 일생을 바치기 위해 레기네와 파혼했다고 한다. 긍정적인 성격만으로 전 세계를 포로로 만든 헤겔이라는 괴물을 타도하려면 결혼을 안 하는 것이 낫겠다고 생각했는지도 모른다. '결혼하면 레기네를 사랑하느라 철학에 쏟을 시간이 줄어들 것이 뻔하다. 반대로 철학에 너무 몰두하면 레기네와 함께할 시간이 줄어들어 그녀를 불행하게 만들지도 모른다.'라고.

어린 시절의 기억이 그런 결정에 영향을 미쳤을지도 모를 일이다. 논리로 점철된 아버지와의 나날, 본 적도 없는 것을 본 것처럼 말해야 했던 경험이 그에게 속삭였는지도. 논리만으로 인간을 이야기하는 기존의 철학을 결코 허용해서는 안 된다고, 사람들의 눈에 실존을 보여 주라고 말이다. 그래서 키르케고르는 어쩔 수 없이 사랑하는 사람과 헤어진 것이 아닐까?

이렇게 오직 철학에 몰두하고 평생에 걸쳐 수많은 철학서를 집필한 키르케고르지만, 유감스럽게도 생전의 주변 평가는 그리 좋지 않았다. 가혹한 공격을 당한 것은 아니었지만 냉정히 말해 그저 그런 평가를 받았다. 사랑하는 사람과 헤어지면서까지 철학을 고집한 것을 생각하면 아쉬운 결과다.

게다가 거기서 만족했다면 좋았을 것을, 키르케고르는 한 가십지를 자극하는 글을 쓰고 만다. 물론 구설을 좋아하는 가십지가 침묵할 리가 없으니 키르케고르에 관한 부정적인 기사로 보복을 했고, 결국 파혼 등의 사생활까지 사람들의 입방아에 오르내리게 되었다. 결국 대중에게까지 비웃음을 받는 처지가 된 것이다. 대중들로서는 표면적으로 보기에 직업도 없이 부모의 재산을 갉아먹으며 안 팔리는 책을 자비로 출판하는 데 여념 없어 보이는 키르케고르를 옹호할 까닭이 전혀 없었을 것이다.

그래도 키르케고르는 집필을 멈추지 않았다. 아무리 비웃음을 당하고 고독한 상황에 처해도 그는 철학을 계속 연구했고 팔리지 않는 철학책을 계속 출간했다. 그런 과정에서 태어난 명저가 바로 그 유명한 《죽음에 이르는 병》1841년이다. '죽음에 이르는 병'이라는 말은 얼핏 '죽음에 이를 정도의 병 = 치명적 병'으로 해석하기 쉽지만, 이것은 사실 '죽음에 이르기까지 계속되는 병 = 죽을 때까지 지속되는 병'을 의미한다.

그렇다면 과연 죽음에 이르는 병이란 무엇일까? 키르케고르는 그것을 '절망'이라고 말한다. 키르케고르는 자신의 내면을 탐색한 끝에, 거기에 절망이라는 이름의 병이 있음을 깨달았다. 키르케고르는 왜 굳이 그런 말을 했을까? 그토록 부정적인 사람이 자기 내면에서 절망을 찾았다는 당연한 이야기가 보통 사람들과 무슨 관계가 있다는 말인가? 사실 둘 사이에는 밀접한 관계가 있다. 키르케고르의 이야기를 듣다 보면 여러분 안에도 '절망'이 있음을 깨달을 것이다. 그는 절망에 관해 다음과 같이 말했다.

자기 자신에게서 벗어나려 하는 것.
이것이 모든 절망의 본질이다.

여러분은 어떤가? 자신의 내면을 잠잠히 들여다보며 주의 깊게 탐색해보자. 그러면 자신의 내면에 이런 막연한 생각이 있음을 알게 될 것이다.

이런 사람이 되고 싶다. 저런 사람이 되었으면 좋겠다. 아, 나는 왜 이런 사람이 되지 못할까.

물론 항상 그런 생각을 하지는 않을 것이다. 우리 대부분은 지루한 일상을 무자각 상태의 흐리멍덩한 의식으로 살아가고 있다. 그러나 자신의 내면을 뚜렷이 자각하고 직시한다면, 키르케고르가 말했듯 막연한 불만을 느끼기 마련이다.

지금 이대로는 안 돼. 무언가 해야 해. 나는 지금의 나와는 다른 존재가 되어야 해.

그리고 그러한 막연한 불만, 즉 지금의 자신을 부정하고 거기에서 벗어나 새로운 자신을 지향하려는 소망, 다시 말해 자기 도피적인 욕망이 내면에 있는 한 우리는 결코 행복해질 수 없다. 왜냐하면 그 소망은 결코 이루어지지 않기 때문이다. 우리는 결코 지향하는 자신, 이상적인 자신이 될 수 없다.

가령 당신의 소망은 선인善人, 정의로운 사람이 되는 것이라고 하자. 과연 이 소망은 이루어질 수 있을까? 사실 그것은 이루어질 수 없다. 당신이 무슨 일을 하든, 그것은 결코 완전무결한 선무한히 옳은 이상적 정의이 되지 못하기 때문이다. 기본적으로 '이상'에는 한계가 없다. 이상적인 선, 이상적인 아름다움. 그것은 모두 무한에 속하는 '한이 없는 존재'이기 때문에 우리는 그것을 결코 획득할 수 없다. 우리는 유한한 세상에서 살기 때문이다.

만약 이 이야기가 쉽게 이해되지 않는다면, '이상적인 원을 그리는 행위'를 떠올려 보자. 예를 들어 이상적인 원을 그리고 싶은 사람이 있다고 하자. 그는 지금까지 일그러진 원밖에 그리지 못했다. 그래서 어떻게든 이상적인 원을 그리려고 노력하지만 그 소망은 결코 이루어지지 않는다. 원을 아무리 수만 번, 수억 번 그려도 그 원이 엄밀한 수학적 의미의 이상적인 원이 될 수는 없다. 아무리 애를 써서 그려도 현실의 원은 반드시 어딘가가 미세하게 일그러지기 마련이다. 즉 우리는 원을 그릴 수는 있지만 이상적인 원은 결코 그리지 못하므로 좌절을 맛보게 된다.

이 이상적인 원 이야기는 이상적인 선, 이상적인 사회, 이상적인 자신을 비롯한 무엇에든 적용할 수 있다. 즉 '이상적인 ○○를 지향하는 것'은 '불가능을 지향하는 것'과 같다. 이처럼 자신의 소망이 결코 이루어지지 않는다는 사실을 알았다면, 그는 과연 어떻게 반응할까? 당연히 이렇게 외칠 것이다.

이것은 절망이다.
나는 절망한다!

이것이 키르케고르가 말하는 절망, 즉 인간이라면 반드시 걸리는 '죽기까지 지속되는 병'의 정체다. 어쩌면 이 주장에 위화감을 느끼는 사람도 있을 것이다. 솔직히 말해 키르케고르의 주장은 너무도 극단적이다. 자신에게 만족하는 사람이 적고 '지금보다 나은 사람이 되고 싶다.'라는 소망을 가진 사람이 많은 것만은 분명하다. 그래도 모든 인류가 이상^{무한한} 존재을 지향하며, 그것에 좌절해 절망하고 있다는 말은 지나친 듯하다. 세상에는 적당히 만족하고 사는 사람도 많지 않은가? 게다가 실존주의는 원래 그처럼 인간을 일률적으로 말하는 것에 이의를 제기하며 출발한 사상이 아닌가?

인간의 내면을 단정하는 듯한 이런 화법 때문에 키르케고르를 비난하는 사람도 많다. 게다가 키르케고르는 "천진난만하게 놀고 있는 아이도 절망하고 있다는 말인가?"라는 지당한 의문에 대해 "천진난만한 아이도 절망하고 있어! 본인이 모를 뿐 사실은 절망하고 있다."라는 터무니없는 대답을 내놓았다. 이것이야말로 결정적인 반론의 여지를 주는 대답일 것이다. 그러나 여기서 내가 하고 싶은 말은 그런 것을 하나하나 비난하느라 그의 철학 전체를 가볍게 여겨서는 안 된다는 것이다. 그보다, 한 사람이 평생을 걸고 자신의 내면을 파헤쳐서 깨우친 철학의 핵심을 제대로 파악하는 것이 중요하다.

분명 키르케고르의 주장은 합리적이지 않은 데다 독선적이라고까지 말할 수 있다. 그러나 한편으로 그것은, 이런저런 논리를 활용해 도출한 결론이 아니라 자기 자신을 깊이 탐색하여 도출한 결론이다. 거기에 아무 정당성이나 가치가 없다고 그 누가 말할 수 있을까? 오히려 현실에 존재하는 '나 자신'이라는 사람이, 현실에서 자각한 사실로부터 출발한 철학이야말로 진실에 더 가깝다고 말할 수 있지 않을까(그러므로 아까 당신이 자신의 내면을 들여다보았을 때 키르케고르가 말한 '절망'이 아닌 전혀 다른 것을 발견했다면, 당신 역시 인생을 걸고 그것을 세상에 발표해야 한다!).

게다가 어법과 근거가 어쨌든, 키르케고르의 철학에 마음을 열고 귀를 기울여 보면 그가 의외로 소박하고 설득력 있는 이야기를 하고 있음을 알게 된다. 예를 들어 보자. 우리는 언젠가 반드시 죽는다. 그것은 어쩔 수 없이 정해진 사실이지만, 우리는 그 명확한 사실을 매순간 의식하며 살지는 않는다. 바쁜 일상이 사고를 마비시키기 때문이다. 그런데 어떤 오류신이 설정을 할 때 실수를 했다든가로 인간의 머리에 '수명 카운터'가 만들어졌다고 하자. 시시각각 숫자가 줄어드는 '죽음을 향한 카운트다운'을 뚜렷이 볼 수 있게 된 것이다. 그렇다면 우리는 매순간 '나는 죽는다. 인생에는 끝이 있다.'라는 사실을 되새길 것이다.

이처럼 자신의 죽음을 명확히 자각할 수밖에 없는 상황에서 당신의 인생은 어떻게 달라질까? 시간은 시시각각 줄어든다. 몇 년 후에는 거들떠보지도 않을 게임 캐릭터를 키우느라 여념이 없을 때도, 졸업하면 두 번 다시 만나지 않을 친구와 별 상관없는 남의 실패를 조롱하며 웃을 때도 시간은 계속 줄어든다. 9, 8, 7, 6······. 당신은 아마도 그런 일에 시간을 낭비하는 것이 초조해질 것이다. 삶이 다하기 전에 최소한의 '삶의 의미' 혹은 '살아 있어서 다행이다. 이제 죽어도 좋다.'라고 생각될 만한 무언가진리를 깨우치고 싶어질 것이다. "무엇을 위해 태어나고, 무엇을 위해 사는지도 모르는 채 끝나 버리는 인생은 싫어!"라고 외칠지도 모른다.

그러다 다행히 그런 무언가, 삶의 의미라고 할 만한 일, 성취감을 느끼게 할 만한 목표를 찾았다고 하자. 그래도 여전히 그 목표가 이루어지는 날은 오지 않는다. 자신의 존재를 비롯한 이 세상 모든 것이 끝이 있는 존재, 유한한 존재이기 때문이다. 어떤 애정도, 어떤 우정도, 어떤 쾌락도 영원하지 않다. '아, 행복해!'라고 느낄 때도 있겠지만 그것 역시 시간이 지나면 퇴색하고 닳아 사라지고 만다. 그렇다면 적어도 선한 인간, 훌륭한 인간, 소위 윤리적인 인간이 되어 올바르게 살다가 당당하게 죽으면 되지 않느냐고 생각할지도 모르겠다. 그러나 그것도 불가능하다. 윤리적으로 사는 것 또한 한계가 없는 일이므로, 그 소망도 이루어질 수 없다.

결국 우리는 절망할 수밖에 없다. 유한한 존재밖에 없는 세상과 유한한 경지밖에 도달하지 못하는 자기 자신에게 말이다.

그러면 어떻게 해야 좋을까? 자신의 죽음을 자각한 데다 그 죽음을 치유하고 싶다는 소망뿐만 아니라 다른 모든 소망이 이루어지지 않는다는 것을 알고 절망했으니, 우리는 이제 어떻게 살아야 할까? 키르케고르는 이 절망에 특효약이 있음을 알려 주었다. 다음은 키르케고르가 절망에 관해 남긴 유명한 말이다.

누군가가 기절했을 때, 우리는 찬 물과 정신 드는 약을 가져오라고 외친다. 그러나 누군가가 절망에 빠져 있을 때, 우리는 "가능성, 가능성을 갖고 와!"라고 외쳐야 한다. 가능성만이 유일한 구원이다.

가능성이야말로 절망을 넘어설 유일한 구원이라는 것이다. 일리 있는 생각이다. 막다른 길에 몰려 절체절명의 위기에 처해 절망한다 해도 '어쩌면 빠져나가 살 길이 있을지도 모른다.'라는 가능성을 믿는다면 절망에서 벗어날 수 있다. 지극히 당연한 이야기다.

그런데 키르케고르는 더욱 극단적으로 사고한다. 즉 가능성이 우리를 절망의 늪에서 건진다면 그중에 가장 큰 가능성, 궁극의 가능성은 무엇일까를 생각한 것이다. 키르케고르는 그 궁극의 가능성을 '신'으로 규정했다. 신은 인간의 지혜를 뛰어넘은 고차원적 존재다. 그래서 신은 인간이 이성에 의해 합리적으로 도출한 결론도 단숨에 뒤집을 수 있다. 신은 결코 합리성에 제한되지 않는, 인간에게 있어 부조리한 존재다.

그러나 그렇기 때문에 신은 인간의 절망을 해소할 '희망'을 준다. 신이 합리성을 초월한 부조리한 존재이므로 우리는 무릎을 꿇고 두 손을 모아기도할 수 있다.

신이시여, 저를 도와주소서.

결국 키르케고르는 인간의 내면을 깊이 파고든 끝에 다음과 같은 도식을 찾아냈다.

자신의 내면을 파헤친다. ➡ 절망의 발견 ➡ 절망을 극복하고 살아가려면 '가능성'을 믿어야 한다. ➡ 신(궁극의 가능성)에 대한 신앙심

인간이 종교를 믿는 이유, 아니 믿어야만 하는 이유가 여기에 있다. 종교에 회의적인 현대인이라면 이 결론에 이렇게 반론할지도 모른다. "종교를 믿는다고 신이 정말로 도와줄 리가 없어. 게다가 종교 때문에 전쟁이 일어나잖아? 종교는 역시 없는 게 나아." 그러나 종교가 없으면 우리의 모순을 극복할 방법이 없다.

머리에 떠오르는 것은 전부 원, 삼각형, 선 등 무한한 존재인데 현실에는 일그러진 원, 결여된 삼각형, 불완전한 선 등 유한한 존재밖에 없다는 모순.

이런 모순 가득한 세상에서 긍정적인 희망을 품고 살려면 아무래도 신앙심 자신의 이성을 초월한 존재를 경외하는 마음이 필요하다. 그래서 고대부터 다양한 종교가 생겨나 지금까지 이어진 것이다. 그럼 종교의 존재 의의는 그렇다 치더

라도, 현재의 종교는 어떨까? 대부분은 이미 관습적인 문화가 되어 버렸고, 그나마도 형식적인 의식으로 일관할 뿐이지 않은가? 적지 않은 사람들이 신을 믿지도 않으면서 믿기는커녕 신에 관해 진지하게 사색한 적도 없으면서 교회나 절에 다니고, 소정의 종교의식에 참여한다. 물론 그 의식의 의미는 제대로 모르지만, 참여하지 않기는 찜찜해서 습관처럼 따라하는 것이다. 많은 현대인에게 종교는 그런 존재다.

키르케고르의 시대도 마찬가지였다. 그 시대 사람들도 정해진 날 교회에 가서 정해진 대로 설교를 듣고 기도를 했다. 왜냐하면 오랜 과거부터 그리해 왔다고 배웠으며, 거기에 참여하지 않으면 반종교적이라는 느낌과 함께 불안하고 불편한 마음이 들었기 때문이다.

그러나 이처럼 흐리멍덩한 정신으로 형식적인 의식을 반복하기만 하는 사람을 과연 종교적 인간이라 할 수 있을까? 아니, 그렇지 않다. 정말로 종교적인 사람은 진심으로 신을 갈구해야 한다. 그러려면 각자가 자신의 내면을 잘 들여다보고 자신의 한계유한함를 깨닫고 절망을 느껴야 한다. 그렇지 않고 단순히 형식적인 절차로서 종교의식을 반복하는 것은 오히려 반종교적인 행위다. 종교의 진정한 의의를 잊고 인생을 무의미하게 낭비하는 악마적 행위에 가깝다.

그래서 키르케고르는 '사람들이 형식을 따르도록 강요하고, 그 형식을 따르는 자를 경건한 신도로 보는 교회 조직'을 용서할 수 없었다. 결국 그는 만년에 교회 조직에 진정한 종교적 모습을 요구하다 큰 분란에 휘말린다. 키르케고르는 아무 힘도 배경도 없는 사람이었다. 그는 헤겔 같은 철학 교수도 아니었고, 그저 한 사람의 인기 없는 작가에 불과했다. 그런 사람이 갑자기 천하의 기독교에 도전했으니, 당연히 그냥 넘어갈 일이 아니었다. 사람들은 격노했고 키르케고르는 과거 가십지와 충돌했을 때와는 비교도 되지 않을 만큼 심각한 곤경에 처했다.

그런 투쟁의 나날이 심신을 피폐하게 만든 탓인지, 그는 어느 날 길가에서 쓰러져 그길로 병원에 입원한다. 그리고 그 후 한 달 만에 세상을 떠나고 말았다.

장례식의 기적

결국 키르케고르는 살아 있는 동안 좋은 일이 없었던 듯 싶다. 사랑하는 사람과 헤어지고 일생을 철학에 걸었지만 철학자로서 생각만큼의 명성을 얻지 못했으니 바라던 인생을 살았다고는 결코 말할 수 없겠다. 생의 마지막 한 달 동안 키르케고르는 자신의 인생을 어떻게 돌아보았을까?

죽음 앞에서 그가 생각한 사람은 역시 레기네였다. 사랑하는 사람과 파혼까지 했음에도 불구하고 무엇 하나 제대로 이룬 것이 없었던 비참한 인생. 그런 인생을 산 키르케고르는 이미 다른 남자의 아내가 된 레기네에게 자신의 전 재산을 물려주겠다는 유서를 썼다. 당연히 레기네는 그것을 거절했다. 자신을 버린 남자의 재산을 받는다면 남들의 시선도 곱지 않았을 것이다. 상식적인 사람이라면 누구나 할 만한 결정이었다.

결국 키르케고르가 세상에 남긴 것 전부가 그의 생명과 함께 사라질 참이었다. 그런데 기적이 일어났다. 키르케고르의 장례식 날에 아무도 예상치 못한 일이 일어난 것이다. 배우자도 자식도 없는 사람이었기에 그의 장례는 매우 쓸쓸할 듯했지만 무슨 이유에선지 엄청나게 많은 인파가 몰려들었다. 놀랍게도 키르케고르의 책을 읽은 많은 젊은이들이 장례식장을 찾은 것이다. 그들은 교회 안에 다 들어갈 수도 없어서 교회 건물을 울타리처럼 빙 둘러쌌다. 그리고 매장을 시작할 때는 작은 소동이 일어났다. 키르케고르가 훌륭한 기독교 신자였다며 형식적인 의식을 행하고 매장을 하려는 교회를 향해 젊은이들이 거세게 항의한 것이다.

키르케고르는 살아 있는 동안 줄곧 고독했다. 인기 없는 독신 작가로서 세상의 손가락질을 당하며 살았다. 그러나 그의 호소는 다음 세대 젊은이들의 마음에 뚜렷이 새겨졌다. 젊은이들은 앞다투어 뛰쳐나가 키르케고르의 관을 만지려 했다. 그야말로 합리주의의 시대이성의 힘으로 인간을 알아내려 했던 시대가 끝나고 실존주의의 시대개인이 자신의 내면과 직면함으로써 인간을 알아내려 하는 시대가 시작된 것을 상징하는 역사적 순간이었다.

나중에 이 모든 일, 즉 키르케고르의 죽음과 유언의 내용 그리고 장례식에서 있었던 소동을 전해 들은 레기네는 금전적인 유산을 모두 거절하는 대신 키르케고르의 유고遺稿만 맡기로 했다. 덕분에 키르케고르의 유고는 그녀의 손으로 정리되어 가치 있는 역사적 자료로 남게 되었다(인생 전부를 걸고 철학서를 썼던 키르케고르에게 이만한 행복은 없을 것이다).

그러나 레기네의 마음은 어땠을까? 한때 이유 모를 파혼으로 절망에 빠져 자살까지 시도했던 그녀는 과연 키르케고르를 용서할 수 있었을까? 쉽지 않았을 것이다. 하지만 그 유고 속에는 키르케고르가 그녀에게 건네려

했지만 건네지 못한 편지, 즉 그의 솔직한 마음을 담은 편지도 많이 있었다. 어쩌면 레기네는 그 편지를 읽고 그의 마음을 헤아려 그를 용서했을지도 모른다. 물론 이것은 나만의 상상이다. 그래도, 부정적이고 요령 없었던 한 남자와 그를 사랑한 한 여자가 결국에는 절망을 치유하고 구원을 얻었을 것이라고 믿고 싶다.

사르트르

Jean-Paul Charles Aymard Sartre 1905~1980

실존은 본질을 앞선다

처음부터 '인간'으로 태어난 자는 아무도 없다.
우리는 스스로 '인간이란 이런 것'이라는 의미를 정하고
스스로의 의지로 인간이 되는 것이다.

＊＊＊

인간이란, 합리적인 사색을 통해 '이러이러하다.'라고 본질을 규정할 수 없는 불가사의한 존재다. 왜냐하면 인간에게는 스스로 자신의 삶의 방식^{존재 방식}을 정할 수 있는 주체적 의지가 있기 때문이다. 우리는 이런 특별한 존재를 실존이라 부른다. 이 실존을 중시하는 사상이 실존주의이며, 이 실존주의 철학을 계승해 완성시킨 사람이 프랑스의 철학자 사르트르다. 우선 사르트르의 가장 유명한 격언부터 살펴보자.

실존은 본질을 앞선다.

얼핏 보면 무슨 뜻인지 잘 알 수 없지만 키르케고르의 장을 참고하면 그리 어려울 것도 없다. 결국 키르케고르와 같은 이야기다. 그럼 '실존'을 '인간'으로 바꾸어 읽어 보자.

인간은 본질을 앞선다.

이 문장을 조금씩 알기 쉽게 바꾸어 보자.

인간은 본질을 앞선다. ➡ 인간은 본질보다 먼저 존재한다. ➡ 인간은 '인간이란 이런 것'이라는 본질이 생기기 전부터 존재했던 불가사의한 존재다.

어떤가? 키르케고르의 장에서 했던 말과 똑같지 않은가? 사르트르는 실존주의의 사고방식을 간결하게 줄여 말했을 뿐이다. 참고로 사르트르는 '종이 자르는 칼'의 비유로 자신의 주장을 설명했다.

여기에 칼이 있다고 하자. 이 칼이 무언가 '목적'과 '의미'를 갖고 존재하는 것은 명백하다. 실제로 손에 쥐어 보면 그 사실을 알 수 있다. 자, 어떤가? 이 적당히 쥐는 느낌, 그리고 종이를 자르기 딱 알맞은 편리함. 이것은 종이를 자른다는 '목적'에 적합하도록 이 물건을 누군가가 만들었다는 확실한 증거다. 다시 말해 이 칼은 '이런 것(종이를 자르기 위한 물건)'이라는 본질(목적, 의미)을 부여받은 다음에 존재를 부여받았다. 이것을 '본질은 칼을 앞선다(본질이 먼저, 칼이 나중).'라고 표현할 수 있다.

그렇다면 인간은 어떨까? 인간에 대해서도 칼과 똑같은 말을 할 수 있을까? 누군가가 '인간이란 이런 것'이라는 본질을 먼저 정한 후 인간을 만든 것일까? 아니, 그렇지 않다. 인간은 그런 본질(목적과 의미) 없이 생겨났다. 그 증거로 인간은 자신의 자유로운 의지에 따라 '이런 존재가 되고 싶다!', '이런 목적을 갖고 살고 싶다!'는 등의 목표를 세울 수 있다. 즉 '인간(실존)은 본질을 앞선다(인간이 먼저, 본질이 나중).'라고 할 수 있다.

대략 이런 이야기인데, 말뜻은 충분히 이해했을 것이다. 그러나 잘 들어 보면 약간 싱거운 느낌이 드는 듯도 하다. 결국 '인간은 물건과 달리 의지를 가지고 있으므로 자신의 인생을 스스로 결정할 수 있다. 인간은 대단하다.'라는 이야기일 뿐이다. 사르트르의 저 유명한 격언은 의외로 당연한 소리 같다. 그러나 우리는 아직 이 격언의 절반밖에 이해하지 못했다. '실존은 본질을 앞선다.'라는 말에는 사실 더 깊은 의미가 있다. 이제 그 깊은 뜻에 다가가 보자.

구토의
정체

기본적으로 철학에서 실존이란, '주체적 의지가 있고 본질을 규정할 수 없는 특별한 존재 = 인간'으로 이해될 때가 많다. 그러나 원론을 이야기하자면, 실존은 현실존재의 줄임말이다. 즉 보거나 만질 수 있는 현실존재를 통틀어 일컫는 말이다.

사실 사르트르가 다른 동시대 실존주의자들보다 위대했던_{극단적이었던} 점은 실존이라는 말을 글자 그대로 이해했던 데 있었다. 즉 그는 보거나 만질 수 있는 현실존재 전부에 실존주의적 사고방식을 적용함으로써 세상에 없었던 전혀 새로운 철학_{세계관}을 제시했다. 사르트르는 인간의 의지를 찬미하는 휴머니스트로 많이 알려져 있지만 그것은 어디까지나 일반적인 측면이고, 철학자로서의 그의 진가는 방금 말했듯 실존주의를 폭넓게 이해한 점에 있었다.

그렇다면 사르트르의 격언은 이렇게 바꿔 읽어야 할 것이다.

돌도, 사과도, 탁자도, 집도……. 무릇 현실의 모든 존재(실존)는 본질을 앞선다.

인간만의 이야기가 아니다. 모든 존재_{현실존재}가 본질 없이 존재한다는 것이다. 물론 이것은 우리의 직관에 위배된다. 앞에서 든 종이칼의 예처럼, 우리의 눈에 보이는 것은 모두 일정한 본질, 즉 목적과 의미를 갖고 존재하는 것처럼 보인다.

그러나 곰곰이 생각해 보자. 그 목적과 의미란, 보는 쪽에서 멋대로 '그렇다.'라고 정한 것에 불과하지 않은가? 사실 종이칼은 어떤 이에게는 '종이칼'이지만 다른 이에게는 '사람을 죽이기 위한 흉기'일 수 있다. 다시 말해 그 물건에는 원래부터 '종이칼'이라는 본질이 있었던 것이 아니라 보는 쪽이 '종이칼'이라는 딱지를 멋대로 붙인 것에 불과하다는 이야기다.

그 딱지_{믿음}를 인간이 멋대로 붙인 것이라면, 인간은 그것을 떼어내고 처음의_{믿음이 생기기 전의} '있는 그대로의 존재_{물체}'를 볼 수도 있지 않을까? 그런 관점_{딱지를 제거한 관점}으로 물체를 본다면 세상은 과연 어떻게 보일까? 사르트르는 그 광경을 《구토》1938년라는 소설에서 멋지게 표현했다(참고로 이 작품은 노벨문학상 수상작으로도 선정되었다. 비록 사르트르가 수상을 거부했지만). 소설의 제목인 《구토》란 '구역질'을 뜻한다. 소설의 주인공 로캉탱은 원인 불명의 구역질에 종종 시달리는데, 그 이유는 작품의 클라이맥스에서 갑자기 밝혀진다. 주인공이 공원 벤치에 앉아 '마로니에 나무뿌리'를 보는 장면이다. 그 부분을 읽기 쉽게 의역하여 인용해 보겠다.

마로니에 나무뿌리는, 정확히 내가 앉은 벤치 밑의 땅에 깊이 뿌리박혀 있었다. 나는 그것을 보고도 나무뿌리임을 알아채지 못했다. '뿌리'라는 말이 사라졌으므로 그 의미와 사용법까지 잊어버린 것이다. 나는 오롯이 혼자 등을 구부리고 머리를 깊이 숙인 채 그 검고 마디진 영혼을 잠시 바라보았다. (중략) 그 순간 '존재'의 베일이 별안간 벗겨졌다. 추상적인 카테고리로 묶인 '형상'이란 것이 전부 사라져 버린 것이다. '나무뿌리'만이 아니라 '울타리'도 '벤치'도 '잔디'도, 모든 것이 사라져 버렸다……. 결국 존재란 질척한 반죽 같은 것이고 나무뿌리도 그 반죽에 불과했다. 물체의 다양성, 각각의 개성 따위는 결국 겉으로 보이는 환상, 단순한 얼룩에 불과한데, 방금 그 얼룩이 한데 녹아 버렸다. 이제 거기 있는 것은 괴물 비슷한 부드럽고 무질서한 덩어리 – 두렵도록 꺼림칙한, 벌거벗은 덩어리일 뿐이었다.

우리는 접시에 담긴 사과를 보면 '접시에 사과가 담겨 있다.'라고 생각한다. 이때 '접시'와 '사과'는 우리에게 물건을 올려두는 것, 먹는 것을 의미하지만, 원론적으로 말하자면 그것들은 그저 원자 덩어리, 소위 '입자가 뭉친 것'에 불과하다. 이런 관점으로 세상을 바라보면 접시와 사과 사이에 '경계_{경계선}'가 없어진다. 그것들은 결국 똑같은 입자_{원자}가 줄지어 있는 것에 불과하기 때문이다. 그런 생각을 더 깊이 파고들면 접시와 사과를 뒤덮은 '공기'마저 똑같은 입자로 이루어져 있으므로 모든 것의 구별이 사라지고 만다. 그러면 궁극적으로 '접시'도 '사과'도 '공기'도 전부 똑같은 입자이니 한데 녹아 버린다. 이 밋밋한 광경 속에서는 '접시'도 '사과'도 '공기'도 존재하지 않는다.

가령 외계인이 갑자기 현관에 나타났다고 상상해 보자. 이 외계인이 흐물흐물한 점토를 가지고 와서 그 일부분을 꽉 쥐고 그곳을 가리키며 "이건 모고야. 이건 이런저런 본질이 있는 존재야."라고 말했다고 치자. 물론 우리는 그 말에 "뭐라고?"라고 반문할 것이다. 거기에는 전혀 '모고' 같은 것도, 그런 본질도 존재하는 것 같지 않다. 대체 어디부터가 모고이고 어디부터가 모고가 아닌 걸까? 우리 눈에 그것은 그저 흐물흐물한 점토 덩어리에 불과하다.

그래도 외계인은 항변한다. "아냐, 누가 봐도 여기 모고가 있잖아?" 그가 가리키는 부분을 잘 보니 점토의 굳기나 색전자파의 반사 방식이 주변과 약간 다른 것 같기도 하다. 그러나 그것은 우리 눈에는 의미 없는 모양, 혹은 약간의 요철에 지나지 않는다. 다른 부분과 잘 구별되지도 않는 그런 요철을 가리켜 "모고야! 모고라고!"라며 아무리 외쳐도, '얘는 무슨 소릴 하는 거야?'라는 생각밖에 들지 않는다. 결국 모고란 '외계인이 멋대로 있다고 생각할 뿐인 무언가'이고, 실제로는 커다랗고 흐물흐물한 기묘한 모양의 점토가 거기 있을 뿐이다.

모두 똑같은 입자(원자) 덩어리라고 생각하면 모든 풍경이 이렇게 된다.

제3장 | 실존주의 철학

그러나 외계인 역시 '우리의 물체'를 보고 똑같은 말을 할 수 있다. 우리가 외계인에게 "접시 위에 사과가 있어."라고 말하면 "응? 접시? 사과? 그런 게 어디 있어? 그건 네 생각일 뿐이잖아."라고 대꾸할지 모른다. 결국 우리가 보는 광경에는 실제로 '접시'도 '사과'도 존재하지 않는다. 그것들이 존재하는 듯 생각되는 것은 보는 쪽에서 멋대로 그런 의미이것은 물건을 올리는 것, 이것은 먹는 것이라는 자기만의 생각를 부여했기 때문이지, 그 존재에 처음부터 의미가 포함되어 있었기 때문이 아니다.

만약 이런 사실을 깨닫고 이와 같은 관점으로 세상을 바라본다면, 세상은 입자가 모여 있는 거대한 점토가 될 것이다. 즉 접시, 사과, 나무뿌리, 울타리, 벤치 등의 카테고리가 사라진, 무질서하고 무의미한 형태가 늘어선 물컹물컹하고 거대한 말미잘이 되고 마는 것이다. 그런 광경을 직시했다면 구토 외에 어떤 감정이 생기겠는가?

이것이 사르트르의 세계관인데 여러분은 어떻게 느꼈는지 모르겠다. 이런 눈으로 바라보면, 세상은 본래 아무 의미도 없고 그저 우연히 존재할 뿐인 무언가가 되고 만다. '우리가 이런 무의미한 세계에서 살고 있다.'라는 사르트르의 생각에는 키르케고르 못지않은 절망적인 세계관이 담겨 있다. 다행히 키르케고르는 이런 절망적인 세계관에서 '그렇기 때문에 ○○해야 한다.'라는 철학을 낳았는데, 사르트르는 어땠을까? 사실 두 사람은 완전히 똑같다. 사르트르 또한 '절망적이지만, 그렇기 때문에!'라는 방식으로 자신만의 철학을 구축했다. 그 내용을 간단히 말하면 다음과 같다.

세계(모든 것, 현실존재)에는 '이러저러하다'는 본질이 없다. 즉 세상에는 미리 정해진 의미(본질)가 없다. 우리는 그런 무자비하고 무서운 세상에서 살고 있다. 그러나 그렇기에 우리는 그 세상에 의미를 부여할 수 있다. 애초에 의미(본질)가 정해져 있지 않으므로 우리가 자유롭게 그것을 부여할 수 있는 것이다!

요컨대 세상에 의미가 없다면 직접 만들면 된다는 이야기다. 이것은 인간이라는 존재에도 똑같이 해당된다.

세상에 의미가 없으므로 당연히 인간에게도 '이러저러하다'는 정해진 의미, 정의, 본질이 없다. 그러므로 처음부터 '인간'으로 태어난 자는 아무도 없다. 우리는 스스로 '인간이란 이런 것'이라는 의미를 정하고 스스로의 의지로 '인간이 되는' 것이다.

우리는 보통, 자신이 인간으로 태어났다고 생각한다. 그러나 세상에 의미가 없다면 '인간'이라는 의미도 존재하지 않는다. 그런 이상 우리는 자신에게 '인간'이라는 의미를 스스로 부여해야 하며, 그런 후에 스스로의 의지로 '인간으로서' 살아가야 한다. 얼마나 열정적인 호소인가.

이 말은 실제로 당시 젊은이들에게 강한 영향을 미쳤다. 마침 사르트르의 시대는 1900년경, 자본주의의 부상에 따라 의식주 환경이 과거에 비해 월등히 풍족해진 때였다. 원래 이런 시대에는 젊은이들이 인류사상 가장 행복한 인생을 살 듯 하다. 그러나 현실은 그 반대였다. 따뜻한 집에서 자라나 매일 배불리 밥을 먹었고 얼마든지 자유로운 시간까지 누릴 수 있었음에도, 젊은이들은 왠지 모를 공허함과 불행에 시달렸다.

왜일까? 단적으로 말하자면, 현실적인 고민에 시달릴 필요가 없었던 만큼 이런저런 다른 생각을 할 여유가 있었기 때문이다. 가난으로 당장 먹고 살기 바빴을 때는 다른 생각을 할 물리적·정신적 시간이 없었다. 그러나 물질이 풍족해지고 여가 시간이 많아지자 인간은 본질을 생각하며 고민하기 시작했다.

평범하고 만족스럽지만 약간은 지루한 내 인생에 무슨 의미가 있을까? 이대로 빈둥거리며 살다가 늙어 죽으면 끝인 걸까? 아니면 어딘가에 삶의 의미가 있을까? 어느 날 갑자기 눈이 번쩍 떠지듯 '아, 이걸 위해 살아야겠다!'라고 결심할 만한 특별한 무언가를 만날 수 있을까?

삶의 의미는 과연 무엇일까? 마흔쯤 되면 누구나 한번은 고민할 듯한 근원적인 문제다. 이 질문에 사르트르는 직설적으로 답한다.

의미 따위는 없어.

그리고 이렇게 계속한다.

하지만, 그렇기에 더욱 자신의 의지로 의미(본질)를 만들며 살아가야 해!

경제적인 환경은 급속도로 발전하고 있었지만 아직 보수적인 시대였다.

무엇을 하며 살아야 할지는 신, 국가, 전통 따위가 다 정해 놓았고 사람은 그것에 따라야 한다는 풍조가 짙었던 그 시절, 사르트르의 이런 실존 철학은 사회에 큰 충격을 안겼다. 그럼에도 여전히 사람들은 무엇을 하며 어떻게 살아야 할지 몰랐다. "나는 이것을 위해 살아야겠어!"라고 결심할 만한 고귀한 가치를 금세 찾아내기는 어려웠을 것이다. 하지만 괜찮다. 사르트르가 그 의문에 대한 명쾌한 해결책, 즉 사람들의 의욕에 불을 붙일 만한 새로운 철학 용어를 만들어냈기 때문이다.

앙가주망의
시대

'앙가주망Engagement'의 사전적 의미는 '약속', '계약', '구속'이지만, '지식인의 사회 참여'의 개념으로 더욱 폭넓게 이해된다. 사르트르는 이 앙가주망에 의미를 담아 젊은이들에게 전파했다.

인생에 의미는 없다. 그렇기에 스스로 나서서 사회에 적극적으로 참여하자.

이 말은 큰 반향을 일으켰다. 젊은이들은 앙가주망을 자신들의 슬로건으로 내걸며 사회 참여에 매진하기 시작했다. 젊은이들은 왜 '앙가주망'이라는 말에 매료되었을까? 이유를 굳이 말하자면, 그 말이 그저 '멋있었기 때문'이라고 할 수 있겠다. 앙가주망은 매우 역설적인 의미를 담고 있다. 세상과 인생에 아무 의미가 없다면 귀찮은 일에 관여하지 않고 조용히 사는 게 나을지도 모른다. 그러나 앙가주망은 반대로, '그렇기 때문에 사회라는 무대에서 활약하라.'라고 젊은이들을 부추겼다.

대개 이런 역설적인 말은 젊은 세대를 자극하는 법이다. 일례로 "공부는 중요해. 공부를 잘해야 훌륭한 사람이 될 수 있어. 그러니 공부해라."라고 말할 때는 젊은이들이 들은 척도 않지만, "공부 따위는 사실 아무 의미가 없어. 사회에 나가도 도움이 되지도 않지……. 그래도 그냥 나를 한번 시험해 보는 거야."라고 역설적으로 말하면 왠지 모르게 묘한 설득력이 생기는지, 공부하기 시작한다. 심지어 이렇게 비뚤어진 태도를 보인 다음 "학과에서 일등을 했다."라고 하면 어떤 통쾌함마저 느껴진다.

이런 식의 심리가 가세해 앙가주망은 당시 젊은이들의 마음을 사로잡았다. 예를 들자면 이런 거다.

A : 젠장, 여자 기숙사에 들어가려다가 교수에게 규칙 위반이라며 징계를 받았어!

B : 진짜? 그런데 왜 여자 기숙사에 들어가면 안 되는 거지? 그런 건 융통성 없는 교수들이 멋대로 정한 규칙일 뿐이잖아? 사르트르 선생은 세상에 미리 정해진 것이 없다고 말했어. 우리 의지로 모두 만드는 거라고.

A : 맞아. 그럼 우리가 대학 사회를 바꿔 보자! 교수 전원을 적으로 돌리더라도 규칙을 바꾸는 거야. 그래, 우리는 사르트르 선생이 말한…….

B : 앙가주망이 되는 거지!

C : 어이 기다려! 우리 선배들도 동참할게.

A : 선배? 선배들은 이미 취직까지 했으니 지금 교수들과 싸우면 곤란해질 텐데…….

C : 상관없어! 우리도 같은 대학 학생이잖아! 게다가 세상엔 취업보다 중요한 게 있어. 그건 내가, 우리가 정하는 거야! 어쨌든 우리는 사회에 의미가 없음을 알면서도 군이 그것에 앙가주망(관계)하는 자, 본디 자유롭기에 편하게 지내도 되겠지만, 군이 혁명이라는 이름의 싸움으로 스스로 앙가주망(구속)하는 자…….

B : 무의미함을 알면서도 이 세계와 앙가주망하는 자, 앙가주망이라고!

대사는 내가 각색했지만, 사르트르의 시대에 살았던 학생들은 사르트르의 말을 정말 이런 식으로 활용했다. 그리고 실제로 파리 대학 남학생들이 여자 기숙사의 남자 출입 금지 규칙에 불만을 터뜨리며 여자 기숙사를 점거한 채 바리케이드를 세우고 경찰과 충돌하는 사건이 일어났다. 얼핏 학생들의 유치한 폭주로 보이는 사건이었지만, 놀랍게도 이것이 단초가 되어 점차 다양한 양상의 시위로 증폭·확산되었다.

"우리에게 자유와 발언권을 달라! 불가능한 것을 요구한다! 금지를 금지한다!"라는 구호와 함께 전국 학생들이 봉기하여 학내를 점거하는 소동이 일어났으며, 이 소동에 각지의 노동자들이 호응하여 대규모 파업이 발생했고 공장과 교통 체계까지 마비되었다. 그리고 그 결과, 의회가 궁지에 몰려 해산되기에 이르렀다.

이것이 후세에 '파리 5월 혁명'으로 불리는 사건1968년 5월 프랑스 정부의 실정과 사회 모순에 저항해, 대학생들의 주동자 없는 시위 및 노동자들의 총파업 투쟁이 일어나 의회가 해산된 사건인데, 이 소동의 배후에 사르트르의 실존주의 철학이 있었던 것이다. '혁명사회를 이상적으로 바꾸려는 활동이란 영웅들의 일이고 나와는 관계없다.'라는 것이 지금의 일반적인 생각이다. 그러나 적어도 사르트르의 시대, 실존주의가 강한 영향력을 미쳤던 시대에는 그 반대였다.

앞서 말했다시피, 우리는 우리의 의지로 인간과 인생의 의미를 창출해야만 한다. 인간은 그런 숙명을 짊어진 존재다. 물론 그 숙명은 무겁다. 아무래도 시키는 대로 사는 것이 편하고, 굳이 번잡한 사회의 무대에 나갔다가는 그저 얻어맞기 십상이기 때문이다. 그러나 그렇기 때문에 굳이, 모처럼 태어났으니 더 큰 무대로 나아가야 한다. 역사라는 이름의 화려한 무대에 뛰어올라 자신의 역사적 역할, 살아가는 의미를 스스로 '부여하며' 살아가야 한다.

젊은이들은 이런 사르트르의 철학에 용기를 얻어 열광했다. "내 인생의 의미는 내가 결정해!"라며 어떻게 살아야 할지를 스스로 결정한 후 '사회혁명이상적 사회를 만드는 일'에 줄줄이 뛰어든 것이다.

4

구조주의
철학

주체적 의지, 자유를 외치게 만든 실존주의는 젊은이들의 마음을 매료시켰다. 그러나 이전의 철학들이 그러했듯이 실존주의 역시 뒷자리로 물러나고 만다. 그를 무너뜨릴 새로운 철학이 나타났기 때문이다. "인간의 사고는 무의식적으로 세상에 숨겨진 '구조'의 영향을 받는다."고 일갈한 구조주의 철학의 출현이다.

레비스트로스

Claude Lévi-Strauss 1908~2009

세상에는 숨겨진 구조가 있다

인간 사회는 반드시 인간의 자유 의지로 만들어지는 것이 아니다.
세상에는 비밀 시스템이 존재하며
인간은 그 구조를 무의식적으로 채택한다.

＊＊＊

　　실존주의는 무척 매력적인 철학이었다. 키르케고르와 사르트르는 상대를 일단 절망적인 세계관으로 쓰러뜨린 다음, "그럼에도, 그렇기 때문에 인간은 특별한 존재가 아닌가!"라고 치켜세우는 교묘한 방식을 썼다. 그리고 조금은 교활한 이 화법이 젊은이들의 마음을 매료시켰다.

　　그러나 유감스럽게도 실존주의 철학은 사르트르가 세상을 떠나기도 전에 뒷자리로 물러나고 만다. 실존주의를 무너뜨릴 새로운 철학이 나타났기 때문이다. 그것이 바로 구조주의 철학이다.

무의식의
발견

　　구조주의 철학이 어떻게 시작되었는지 알기 위해서는 사르트르1950~1980의 시대로부터 프로이트의 시대로 시간을 거슬러 올라가야 한다. 지그문트 프로이트Sigmund Freud, 1856~1939는 오스트리아의 정신분석가다. 누구나 그의 이름쯤은 들어보았을 것이다. 그는 다음과 같은 말로 세상을 충격에 빠뜨린 학자다.

　　당신들은 알지도 못하고 믿지도 않겠지만, 사실은 유아에게도 성적 욕망이 있어. 하지만 유아의 성적 욕망은 채워질 수 없지. 부모가 "고추 만지지 마!"라고 야단을 치니까. 그래서 약자인 유아는 '고추를 만지면 안 되는

구나. 성적인 행동은 나쁘구나.'라고 생각하면서 자신의 성적 욕망을 '억압'하게 되지. 이 억압이 너무 강해지면 사람은 결국 정신이 이상해져. 그런데 억압받지 않은 인간이란 없으니 너희들도 모두 성적 도착증이 있는 정신이상자야.

개인적으로 나는 프로이트를 매우 좋아한다. 하지만 그가 이 이야기를 이런 식으로 했으면 더 좋았을 거라 생각한다.

모든 인간에게는 욕망이 있다. 그러나 그 욕망이 항상 충족될 수 있는 것은 아니다. 그래서 사람은 자신의 욕망을 '억압'하며 살아갈 수밖에 없는데, 이 억압이 너무 강해지면 정신 질환이 생긴다. 그리고 인간이라면 누구나 욕망을 억압하며 살아가므로 누구나 정신적으로 이상한 면이 어느 정도 존재한다.

억압에 의해 정신 질환이 생긴다는 그의 주장은 당시로서는 엄청나게 획기적이었으므로, 표현을 위와 같이 조금만 다듬었다면 모두가 박수를 보내며 '위대한 통찰'이라고 칭송했을 것이다. 그러나 프로이트는 이에 관한 이야기를 할 때 모든 대목에 '성'에 관한 화제를 포함시켰고, 게다가 일일이 '유아의 성'을 연관시켰다. 당시는 성적인 이야기 자체가 금기시되는 엄격한 시대였고, 유아의 성적 욕망을 이야기하는 것은 상상조차 할 수 없는 분위기였으므로 프로이트의 이론은 그 파격만큼이나 당대 지식인들로부터 엄청난 비판을 받았다. 그러나 그는 멈추지 않았다. 아마 비판당할 것을 알면서도 도저히 말하지 않을 수 없었을 것이다. 그 점에 나는 깊이 공감한다.

이렇게 성적인 화제를 언급한 탓에 부당한 평가를 받은 프로이트지만, 역사적 관점에서는 타의 추종을 불허하는 성과를 올렸다. '무의식'이라는 새로운 개념을 발견하고 그것을 세상에 알린 것이다. 지금은 누구나 실수를 하고 나서 "아, 미안. 무의식적으로 그랬어."라고 말할 정도로 무의식이라는 말이 일반화되었는데, 이것도 다 프로이트 덕분이다(무의식을 최초로 발견한 사람이 누구인지에 관해서는 여러 설이 있다. 그러나 최초로 무의식의 개념을 학문적으로 확립하고 연구한 사람은 분명 프로이트다. 따라서 이 책은 프로이트를 무의식의 발견자로 간주했다).

그런데 프로이트는 무의식이라는 개념을 어떻게 발견했을까? 그것은 그가 정신 의학자였다는 사실과 밀접한 관계가 있다. 그는 매일같이 정신 질환자를 만나는 동안 이런 사실을 발견했다.

어라? 환자들 모두가 "내가 왜 이런 병에 걸렸는지 모르겠다."라고 말하지만 그들의 기억을 잘 파헤쳐 보니 증상의 원인이 되는 기억(유아기의 힘든 기억, 트라우마)이 반드시 있었어. 본인이 잊어버린 기억이 삶에 영향을 끼친다는 말인가?

요즘 사람들이라면 "그건 무의식 때문이야. 잊었던 트라우마가 마음 깊은 곳에 숨어 있다가 그 사람의 정신에 영향을 미친 거야."라고 간단히 말할지 모른다. 그러나 당시에는 그런 발상이 일반적이지 않았으므로 프로이트가 발견한 이 사실은 그에게 큰 의문을 던졌다.

이미 무의식의 존재를 상식으로 받아들인 현대인이라도, 무의식이 얼마나 불가사의하고 부조리한 존재인지 새삼 생각해 볼 필요가 있다. 애초에 본인이 자각하지 못하고 의식하지 못하는 사물이란 그 사람이 '모르는 정보'다. 그 '모르는 정보'가 그 사람의 행동에 영향을 미친다니 합리적으로 전혀 납득되지 않는다.

예를 들어 얼굴도 이름도 모르는 사람을 처음 만났는데, 입에서 무심코 "아, 오랜만이에요."라는 말이 튀어나왔다. 그리고 그때야 예전에 그 사람을 만난 적이 있다는 사실이 떠올랐다고 하자. 우선 단순하게 생각하면 "오랜만이에요."라는 말은 다음과 같은 인과관계 아래에 성립되어야 한다.

나는 그를 이전에 만난 적이 있다는 정보를 알고 있다.
→ 그래서 '오랜만이에요.'라고 말하려는 의지가 생겼다.
→ 그래서 실제로 "오랜만이에요."라고 말했다.

그러나 이 예에서 실제로 일어난 일은 이렇다.

"오랜만이에요."라고 말했다.
→ 이전에 만난 적이 있다는 정보를 인지했다.

이는 아무리 생각해도 부조리하고 비합리적인 인과관계다. '전에 만난 적이 있다'는 정보를 알았지만 그 시점이 이미 말을 한 다음이라면, '오랜

제4장 | 구조주의 철학

만이에요.'라고 말하려는 의지判断를 품은 사람은 대체 누구란 말인가? 적어도 뒤늦게 정보를 안 '나 자신'은 아니다. 그렇다면 실제 인과관계는 이렇게 될 수밖에 없다.

전에 만난 적이 있다는 정보를 '내가 아닌 다른 누군가'가 알고 있다. ➡ 그래서 '오랜만이에요.'라고 말하려는 의지를 '내가 아닌 다른 누군가'가 품었다. ➡ 실제로 "오랜만이에요."라고 '내 몸'이 말했다. ➡ 그 말을 들은 '나 자신'은 이전에 상대를 만난 적이 있다는 정보를 떠올렸다.

여기서 말하는 '내가 아닌 다른 누군가'를 현대인은 무의식이라고 부른다. 지금은 이것을 누구나 상식으로 받아들이지만 이런 현상을 처음 발견한 사람의 마음을 상상해 보자. 이 인과관계가 가리키는 바는 이것이다.

'내가 아닌 다른 누군가'가 '나'의 행동(신체)을 조종한다.

잘 생각해 보면 아주 무섭고 기분 나쁜 일이다. 우리는 별 생각 없이 다른 사람과 인사를 하거나 대화를 하고, 때로는 싸움을 하거나 사랑을 한다. 그러면서 모든 일을 자신의 의지로 실행하고 있다고 생각한다. 그러나 만약 그것이 착각이고, 사실 '뇌 안에 사는 미지의 누군가'가 나를 조종하고 있다면? 우리의 인생, '나'의 인생은 과연 무엇이란 말인가?

그런데 주의 깊게 자신의 몸을 관찰해 보면, '나를 움직이는 것은 나 자신이 아니다.'라는 충격적인 사실을 확인할 수 있다. 잠시 자신의 입에 주목해 보자. 가령 당신이 생선을 먹는다고 하자. 그때 당신의 입에서는 어떤 일이 벌어질까? 분명 당신이 의식할 새도 없이 절묘한 타이밍에 입술이 닫히고 부드러운 혀는 생선을 입안으로 옮기며 치아는 생선을 조각내서 죽 상태가 될 때까지 적당히 으깰 것이다. 또 혀는 이 작업을 하는 틈틈이 작은 가시까지 찾아내 입 밖으로 밀어내려 애쓴다. 가장 놀라운 것은 이렇게 긴장되는 작업이 이루어지는 동안 이가 입술이나 혀를 전혀 손상시키지 않는다는 것이다. 자, 이만큼 복잡한 작업을 당신은 '자신의 의지'로 명령하여 시행할 수 있겠는가?

그렇지 않을 것이다. 입의 이런 활동을 의도적으로 하나하나 명령하여 실시하기란 불가능하다. 그렇다면 역시, 자신의 의지와는 관계없는 '다른 무언가의 작용'에 의해 이런 활동이 이루어진다고 생각하는 편이 타당하지 않을까?

물론 이것은 입에만 해당되는 이야기가 아니다. 잘 관찰해 보면, 눈과 손발 등 신체의 모든 부분이 일일이 명령을 내리지 않아도 알아서 움직이는 것을 알 수 있다. 그 모든 기관이 '내가 아닌 다른 무언가의 조종을 받는' 셈이다. 더 생각해 보면, 우리의 사고를 가능케 하는 뇌 역시 몸의 일부이므로 똑같은 논리를 적용할 수 있다.

가령 목이 말라서 냉장고에 있는 주스를 마시려고 자리에서 일어나 냉장고 쪽으로 걸어가는 일상적인 행동을 떠올려 보자. 우리는 보통 '냉장고로 가자.'라는 생각이 떠오른 것은 '내가 그렇게 생각했기 때문'이라고 여기지만 과연 그럴까? 주의 깊게 자신의 내면을 들여다보면 그것이 사실이 아님을 알 수 있다. '의도적으로 그렇게 생각했다.'라기보다 '무심코 그런 생각이 떠올랐다.'라고 말하는 편이 사실에 가까울 것이다.

'목이 마르니 냉장고의 주스를 마시자.'라는 사고는 우리가 단순히 생각하는 것보다 더 많은 판단정보처리을 포함한다. 냉장고란 어떤 것인지에 관한 정보, 거기에 도달할 수 있는지에 대한 가능성 정보, 수돗물을 마시거나 자판기에서 물을 사서 마시는 등 다른 선택지와의 비교 정보 등 다양한 판단 과정을 거쳐야 이 사고가 비로소 출력된다. 그러나 우리는 그런 과정을 거친 기억이 없다. 그런 과정은 뇌 안에서 어느새 자동으로 이루어지고, 우리는 그런 '정보 처리가 이루어진 후의 사고'만을 의식적으로 받아들인다. 그렇다면 '냉장고로 가자.'라고 판단한 것 역시 '내가 아닌 누군가'라고 해야 할 것이다.

어쩌면 이 이야기를 듣고 손발 이야기를 들었을 때와는 다른 충격을 받은 사람이 있을지도 모르겠다. 손발은 그렇다 치고, 머리로 하는 사고까지 나의 의지와 무관하게 저절로 진행된다는 것은 일반적으로 받아들이기 어려울 것이다. 왜냐하면 많은 사람이 사고와 자신을 동일시하며 '사고는 곧 나 자신'이라는 세계관을 가지고 살기 때문이다('손발'을 무시한다고 화내는 사람은 적지만 '생각'을 무시하면 불같이 화를 내는 사람이 많은 것이 그 때문이다).

그런 의미에서 '나는 내 사고를 제어한다.', '사고는 나 자체다.'라는 기초적인 세계관을 지니고 살아가던 당대 사람들에게 무의식사고는 나와 상관없이 일어난다이라는 개념은 세상이 뒤집힌 듯한 충격을 주었다.

무의식,
실존을 위협하다

이처럼 프로이트가 무의식의 존재를 밝혀낸 결과 어떤 일이 벌어졌을까? 결과적으로 실존주의자들이 무척 곤란해졌다. 실존주의가 주장했던 바는 요컨대 다음과 같다.

인간은 자신에게 있는 스스로의 의지(주체적 의지)로 자유의 본질을 자유롭게 규정할 수 있다. 인간이란 이처럼 훌륭하고 특별한 존재다.

그런데 여기에 프로이트의 무의식이 끼어들자 주장의 전제부터 흔들리기 시작했다. 말하자면 이런 의심이 생긴 것이다.

'자신의 의지(주체적 의지)'라니, 사실 그런 건 없는 게 아닐까?

주체적인 의지가 있다스스로 결정한다는 생각은 그저 착각일 뿐, 인간의 행동이 실은 본인도 모르는 무의식에 조종당하고 있다면? 그렇다면 실존주의의 주장은 그저 공허한 외침이 되고 만다. 파리의 5월 혁명을 떠올려 보자. 그것은 사르트르의 실존주의스스로의 의지로 자신의 역사적 역할을 결정하자! 덕분에 눈을 뜬 젊은이들이 자유와 평등을 추구해 학생 운동에 몸을 던졌고 결국은 의회를 해산시키기까지 했던, 프랑스 역사에 선연히 빛나는 위대한 시민 혁명이었다. 하지만 그 일 역시 프로이트의 철학으로 해석하면 이렇게 된다.

학생들은 '자유롭다, 평등하다'고 떠들어 대지만 사실은 단순히 여자랑 이상한 짓을 하고 싶었을 뿐이야. 여자 기숙사에 마음대로 출입할 수 있는 자유가 필요했을 뿐이라고. 그래도 그들은 자신을 그처럼 저속한 인간으로 생각하기 싫었어. 그래서 그 욕망을 억압해 기억 밑바닥에 봉인한 후 자유니 뭐니 하는 명분을 들고 나와 혁명 운동을 일으킨 거야. 즉 그들의 자유니 평등이니 하는 소리는 진짜가 아니고, 그들은 그저 '여자애들과 이상한 짓을 하고 싶다.'라는 무의식에 조종당해 날뛴 것뿐이지.'

이렇게 해석한다면, 저 위대한 5월 혁명은 무의식에 조종당해 일어난 무의미하고 무가치하고 시시한 소동으로 전락한다. 그러나 프로이트의 이야기는 아까 말했다시피 성적인 표현을 많이 포함하고 있어서 일반 대중에게 그리 깊이 침투하지 못했다. 그래서 실존주의의 세상을 뒤엎을 만한 힘을 발휘하지 못했다. 그건 그럴 만하다.

야한 꿈을 꾸었다. ➡ 젖가슴에 대한 욕망을 억압했기 때문이다.
축구 선수가 되고 싶다. ➡ 젖가슴에 대한 욕망을 억압했기 때문이다.

이런 식으로 무슨 일이든 '성적 욕망의 억압'으로 환원하는 방식은 일반에 받아들여지기 어려웠을 것이다. '정의의 시민 혁명 → 젖가슴 때문'이라는 구도가 정말로 타당하다고 하더라도 그런 논리를 교양 있는 시민들이 받아들일 리가 만무하다.

그러나 프로이트의 이런 생각을 계승해 다른 형태로 표현함으로써 설득력을 얻은 사람이 나타난다. 그 이름은 레비스트로스. 프로이트의 무의식에 관한 이론을 일반에 침투시키는 데 성공하여 실존주의의 세상을 무너뜨린 철학자다.

미개 사회의
규칙

하지만 레비스트로스를 철학자로 칭하는 것에는 다소 이의가 있을지도 모르겠다. 프로이트가 철학자라기보다 정신 의학자였던 것처럼, 레비스트로스도 철학자라기보다 인류학자로 칭해야 하며 그것이 그의 실제 직업이었다.

그런데 여러분은 '인류학자'라는 말을 듣고 어떤 사람이 떠오르는가? 아마도 다양한 지구촌 사람들의 신체적 특징, 문화적 특징을 학문적으로 정리하기 위해 전 세계를 돌아다니는 모험가 같은 학자의 모습이 떠오를 것이다. 정확한 이미지다. 그리고 레비스트로스는 실제로 그런 일에 도전한 학자였다.

그러나 그것은 레비스트로스 이전의 시대에는 무척 특이한 일이었다. 1900년대 이전의 인류학자들은 대개 자기 나라에서 한 발짝도 나가지 않은 채, 책이나 구전되어 온 이야기를 기반으로 이국 문화를 정리하는 작업을 했다. 즉 레비스트로스처럼 실제로 현지에 나가 생활하면서 그곳의 문화를 조사하는, 소위 '필드워커Field-worker' 스타일의 인류학자는 이전에 없었다. 그야말로 레비스트로스는 인류학자들의 선구자 같은 사람이었다.

레비스트로스는 열대 부족, 즉 거의 나체에 가까운 모습으로 창을 들고 춤을 출 듯한 미개 부족들을 찾아가 그들의 문화를 조사했다. 그 결과 그는 그들에게서 불가사의한 공통점을 발견했다. 모든 부족에 공통적으로 결혼에 관한 기묘한 제도가 있었던 것이다.

사촌끼리의 결혼을 예로 들어보자. 현대의 많은 국가가 사촌끼리의 결혼을 허용하지만, 대부분의 미개 사회는 사촌끼리의 결혼을 일정하게 규제한다. 한국은 사촌끼리의 결혼이 법적으로 금지되어 있다. 그러나 한국을 비롯해 북한, 중국, 필리핀, 미국의 일부 주, 대만을 제외한 거의 모든 국가가 사촌끼리의 결혼을 허용한다_옮긴이 주. 구체적으로는 '평행 사촌'끼리의 결혼은 금지되고 '교차 사촌'끼리의 결혼은 허용된다. 즉 동성 형제자매

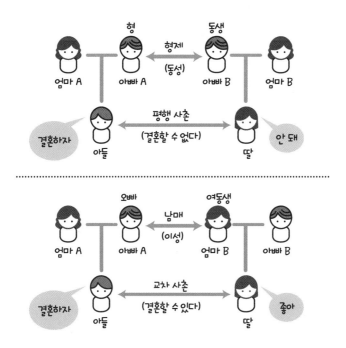

로부터 태어난 아이들은 결혼할 수 없지만예를 들어 형과 동생의 자식들은 결혼할 수 없다 이성 형제자매로부터 태어난 아이들은 결혼할 수 있다예를 들어 오빠와 여동생의 자식들은 결혼할 수 있다는 것이다.

왜 이런 규칙이 생겼을까? 알아본 결과 여기에는 유전학적인 근거가 전혀 없다. 다시 말해 '인간에게는 생존 본능에 의해 그런 결혼을 꺼리는 유전적 성질이 있다.' 또는 '그런 결혼을 피하는 것이 유전적으로 유리하므로 그런 규칙을 지키는 부족만이 살아남았다.'라는 식의 합리적 설명이 불가능하다는 것이다.

그러나 미개 사회 대부분에 이런 결혼 규칙이 뿌리 깊은 문화로 남아 있다. 그렇다면 그들에게는 왜 이런 규칙이 생겼을까? 레비스트로스는 이 질문에 대해 하나의 답을 도출했다. 그 답을 아주 간략하게 요약해 보면 이렇다.

> 형의 자녀가 남동생의 자녀(평행 사촌)와 결혼하는 것보다, 전혀 다른 집안에 시집간 여동생의 자녀(교차 사촌)와 결혼하는 편이 집안끼리의 교류가 넓어진다.

어떤 사람은 알고 보니 별 것 아닌 이유였다며 실망할지도 모르겠다. 또 이 설명에 얼마만큼의 근거가 있는지 의심하는 사람도 있을 것이다. 그러나 그런 의심은 잠시 접어두자. 왜냐하면 레비스트로스의 설명이 틀렸든 맞았든 관계없이, '그런 규칙이 다양한 미개 사회에 널리 퍼져 있다.'라는 사실이 중요하기 때문이다.

원래 '미개'하다는 말은 '문명으로부터 격리되어 있다.' 즉 '외부 정보가 거의 들어오지 않았다.'라는 뜻이다. 그처럼 상호 교류가 거의 없었던 '복수의 격리된 미개 사회'에 동일한 규칙이 존재하는 데에는 아무래도 특별한 이유가 있을 것이다. 우연의 일치일 가능성은 거의 없으며, 부족 A에서 발생한 규칙이 오랜 시간을 거쳐 부족 B, 부족 C······부족 Z까지 전파되었을 가능성도 낮다(만약 그렇다면 전파의 흔적이 남았을 것이다).

게다가 불가사의한 것은 이런 규칙을 지키는 부족민들에게 "왜 이 규칙을 지킵니까? 그 이유는 무엇입니까?"라고 물어도 하나같이 "모르겠다."라고 대답한다는 점이다. 왜 그들 미개 사회는 '이유 모를 규칙'을 지키고 있을까? 이 질문에 레비스트로스는 이렇게 답한다.

어쩌면 이 세상에는 혼인관계에 대해 '이런 식으로 결혼하면 집안끼리의 교류가 확대된다(사회가 발전한다)'는 '숨겨진 구조(비밀스러운 시스템)' 같은 것이 있어서, 미개 사회 사람들이 그것을 무의식적으로 채택한 것이 아닐까?

'세상에는 숨겨진 구조비밀 시스템가 있다. 인간은 그 구조를 무의식적으로 채택한다.' 이것은 무척 비약적인 논리다. 보통 우리는 사회의 규칙을 결정할 때 다음과 같은 과정이 필요하다고 생각한다.

어느 날, 명석한 누군가가 나타나 사회의 발전을 위한 획기적인 규칙을 고안해낸다. 그리고 모두가 그 규칙의 훌륭함을 인정하고 실제로 채용한다.

레비스트로스

이것이 일반적인 생각이다. 이 생각에 따르면, 규칙을 생각해낸 것은 명석한 사람의 의지고, 그 규칙을 채용한 것은 모든 사람의 의지다.

처음에 인간의 의지가 있고, 그 의지가 자유롭게 사고하여 자신만의 편리하고 새로운 규칙을 만들어냈다.

그러나 레비스트로스는 이 당연한 생각을 부정했다. 세상에는 원래 '특정한 규칙'이 숨어 있었고, 인간은 무의식적으로 그것을 선택한다는 것이다.

인간 사회의 규칙은 개인이 자신의 의지로 열심히 사고해 만들어낸 것이 아니다. 사실은 세계에 내재되어 있던 기존 구조를 무의식이 저절로 선택한 것이다.

이건 다소 인정하기 어려운 주장이다. 그러나 이것은 당시 레비스트로스가 다양한 미개 사회를 면밀히 조사한 끝에 제창한 이론이므로 지식인들은 이를 무시할 수 없었다.

　　　　　　　　　　　　　　　　　　제4장 ┃ 구조주의 철학

세상에 숨겨진
시스템

한번 상상해 보자. 당신이 인간이라는 미지의 생물을 조사하는 임무를 맡은 외계인이라고 하자. 당신은 일단 인간이라는 종족이 어떤 사회를 형성하는지 조사하기 위해 원반형 우주선으로 1,000명의 인간을 무작위로 잡아들였다. 그리고 그들의 뇌에서 문명의 기억을 삭제한 채 방에 가둔 다음, 그들이 처음부터 사회를 어떻게 구축하는지 관찰하기로 했다. 단, 우연의 요소를 배제하기 위해 10개의 방을 준비하고 각 방에 100명씩 살게 했다. 이제 어떻게 될까?

만약 그 결과 1번 방에서 10번 방까지 모든 방에 동일한 규칙을 채용한 사회가 형성된다면? 당신은 외계인 상사에게 이렇게 보고할 수밖에 없다.

인간이라는 생물은 개인의 의지와 관계없이 반드시 이런 사회를 형성합니다. 우습게도 그들은 스스로의 의지로 사회를 만들었다고 믿고 있지만요.

이해를 돕기 위해 '가위바위보'를 예로 들어 보자. 가령 앞의 인간 관찰 실험에서 모든 방에 가위바위보 게임이 출현했다고 하자. 어떤 방에서는 '가위, 바위, 보'고 어떤 방에서는 '코끼리, 사람, 개미'이며 또 다른 방에서는 '황제, 시민, 노예'인 등 세부적인 차이는 있을지 몰라도 방마다 다양한 가위바위보 형식의 놀이가 등장하는 것이 확인된 것이다.

물론 각 방에서 이 놀이를 처음 발명한 사람이 있기는 하다. 그렇다고 그 놀이를 그 사람이 온전히 개발했다고 말할 수 있을까? 그렇지 않다. 모든 방에 똑같은 놀이가 등장했으므로 "그것은 인간 A의 의지로 개발된 A만의 성과다."라고 말할 수 없다. 즉 A가 없는 다른 곳에서도 거의 유사한 방식의 놀이가 개발되었으므로, 그 놀이는 본질적으로 '개인 A의 의지와는 무관하게 존재하는 것'으로 간주해야 한다.

이처럼 가위바위보가 개인의 의지로 생겨난 것이 아니라면 그 발상은 과연 어디에서 왔을까? 레비스트로스의 관점에서 말한다면 그 답은 다음과 같다.

'삼자 견제(X는 Y보다 강하고, Y는 Z보다 강하며 Z는 X보다 강한 관계)'의 구조가 세상에 처음부터 존재하고 있었으며, 이 구조가 있는 덕분에 인간은 가위바위보라는 게임을 생각해낼 수 있었다.

혹은 이렇게 말할 수도 있다.

애초에 누가 이길지 모르는 놀이를 생각해내려면 아무래도 '삼자 견제'의 구조를 취할 수밖에 없다. 다시 말해 누가 이길지 모르는 놀이라는 개념 속에는 삼자 견제의 구조가 이미 포함되어 있다. 따라서 어떤 사람이 누가 이길지 모르는 놀이를 고안하려는 시점에, 그는 이미 자신의 의지와는 무관하게, 또 자각 여부와도 무관하게 삼자 견제의 구조를 무의식적으로 선택한 셈이다.

이런 관점을 취하면 가위바위보의 발명자인 A가 없는 다른 방에서도 가위바위보 형식의 놀이가 생겨난 것을 매끄럽게 설명할 수 있다(가위바위보 형식의 놀이는 실제로 전 세계의 다양한 지역에 존재한다).

인간 사회는 반드시 인간 개인의 의지로 만들어지는 것이 아니라 세상에 처음부터 숨겨져 있었던 구조(시스템, 법칙성)에 의해 형성되기도 한다. 그래서 세계 각지의 미개 사회에 동일한 규칙이 존재하는 것이다.

여러분은 어떻게 생각하는가? 어쩌면 그다지 대단할 것도 없는 이야기라고 생각했을지도 모른다. 삼각형의 넓이 공식을 생각해 보자. 우리는 이 공식을 'ㅇㅇ라는 개인이 개발한 공식이다. ㅇㅇ가 없었다면 존재하지 않았을 공식이다.'라고는 생각하지 않는다. 왜냐하면 삼각형의 넓이 공식은 ㅇㅇ만의 발상이라기보다, '세상에 처음부터 숨겨져 있었던 법칙구조'에 가깝기 때문이다. 그러므로 우리는 이 공식을 불특정 다수의 사람이 깨닫는 상황을 쉽게 상상할 수 있다. 설사 서로 완전히 격리된 복수의 장소에서 같은 공식이 발견되어도 우리는 그다지 놀라지 않을 것이다. 누구든 삼각형의 넓이를 알려고 노력한다면 반드시 이 공식에 도달할 것이기 때문이다.

이처럼 '세상에 숨겨진 구조 = 수학 공식 같은 것'이라고 해석한다면 레비스트로스의 '구조'에 관한 이야기 역시 그리 특별할 것 없는, 오히려 당연한 이야기처럼 들릴 수 있다. 그런데 그런 당연한 이야기가 한 시대를 풍미했을 뿐만 아니라 실존주의 철학을 파괴할 만큼 세상에 널리 퍼진 이유는 무엇일까? 그것에는 실존주의에 대한 염증이 큰 이유로 작용했는지도 모른다. 당시는 실존주의가 천하를 호령한 시대였으므로, 주변의 모든 사람들이 이런 말을 외쳐 대고 있었다.

세계에 본질은 없다! 그러므로 그것을 우리의 자유로운 의지로 결정해야 한다! 우리는 세상에 의미를 부여할 책임을 다하며 살아야 한다!

이 철학이 처음 등장했을 때는 아무 문제가 없었다. 처음 들어보는 사고방식이란 무척 신선하고 자극적인 법이다. 그러나 거듭 똑같은 말을 듣는다면, 게다가 주변 사람들이 모두 똑같은 말만 한다면 지겨워지는 것이 자연스러운 현상이다. 그때부터는 귀에 못이 박힐 만큼 들었던 말과는 반대되는 말을 듣고 싶어진다.

그와 같은 상황이었으므로, 개인이 자유롭게 사고해 사회를 만들어 나간다는 주장의 허구성을 지적한 레비스트로스의 철학은 그 시기의 젊은이들을 매료시키기에 충분했다.

구조주의의 충격

구조주의실존보다 구조가 앞선다는 사고방식가 등장했을 때의 통쾌함을 느껴 보기 위해 잠시 이렇게 상상해 보자. 앞서 언급한 외계인의 인간 관찰 실험에서, 당신이 방 안에 갇힌 인간 중 하나라고 하자. 당신이 소속된 방 안에는 이런 사람들이 가득하다. 바로 새빨간 셔츠를 입고 목에는 새끼 원

숭이의 해골을 매달고 기타를 엉망진창으로 치며 밤새도록 이렇게 외쳐 대는 사람들이다.

우리는 자유다! '이렇게 살아야 한다.'라는 본질 따위는 그 어디에도 없다! 그래서 우리는 우리의 자유로운 의지로 우리의 복장, 우리의 음악, 우리의 인생을 결정할 것이다!

구체적으로 표현하자면, 맡은 일은 제대로 안 하면서 정치가 어떻고 사회가 어떻고 쉬지 않고 떠들기만 하는 자들이다. 그러나 유감스럽게도 그들이 당신의 선배인 이유로, 당신은 내심 넌더리를 내면서도 매일 "저도 그렇게 생각합니다."라고 맞장구를 치고 있었다. 그러던 어느 날 영웅이 나타난다. 놀랍게도 그 영웅은 위험을 무릅쓰고 다른 ~~방~~ 격리된 다른 세계에 숨어들어, 거기서 무슨 일이 일어나는지 보고 왔다고 했다.

그의 이야기에 따르면 다른 방에서도 비슷한 사람들이 활개를 치고 있었다. "그 방에서는, 새하얀 셔츠를 입은 사람들이 목에 새끼 돼지의 해골을 걸고 트럼펫을 불면서 우리는 평등하다고 외치고 있었어." 게다가 그 다음 방에도 비슷한 사람들이 있었다고 했다. 그러면 당신은 이런 생각이 들 것이다.

그래? 이 방 선배들이랑 비슷하잖아? 조금씩 다르기는 하지만……. 근본적인 '무언가'가 똑같다고!

그 무언가의 정체는 알 수 없다. 그것을 어떤 말로 표현해야 할지도 잘 모르겠다. 그래서 그 무언가를 일단 '구조'라는 말로 부르기로 한다. 어쨌든 분명한 것은 그 대단한 선배들이 모두 착각에 빠져 있다는 사실이다. 그래서 당신은 선배들에게 이렇게 말했다.

> 항상 '자신의 의지로 자유롭게 결정하라.'라거나 '개인의 주체적 의지에 의한 결단이 진리다.'라고 말하지만, 선배들은 정말로 자유롭게 결정하고 있나요? 사실은 선배들이 말하는 '자신의 의지로 자유롭게 결정한 것'이 이웃 방 사람들과 똑같대요. 그러니까 선배들은 분명 무언가에 조종당하고 있어요. 그것도 모르고 스스로 선택했다고 믿는 거예요. 뭔가 굉장히 모순적이라고 생각하지 않아요?

이 말을 들은 선배들은 당연히 정색을 하고 반격을 하겠지만, 그래 봤자 펴는 논리라고는 여전히 '주체적 의지, 자유, 결단'이라는 추상론, 정신론일 뿐이다. 그런 한편 당신은 영웅이 보고 온 것, 즉 '관찰 사실에 기초해 도출한 이론'을 주장하므로 선배들보다 훨씬 유리하다. 결국 당신은 방금 전까지도 신이 나서 떠들어 대던 선배들을 논리로 완전히 넉다운시킨다. 당신은 그들이 애써 쌓아올린 학문, 필생의 철학을 물거품으로 만들어 버렸다. 말하자면 이런 느낌이다.

> 너희들은 스스로 무엇이든 결정할 수 있다고 믿는 듯하지만, 사실은 세상에 숨겨진 구조가 그 결단을 지배하고 있어. "내 의지가, 결단이……"라

는 시시한 정신론을 외쳐 대기 전에 세상에 숨겨진 구조를 먼저 이해하는

게 좋지 않을까?

실존주의를 외쳐 대는 무리에게 질린 사람들은 레비스트로스의 구조주

의라는 말에 몰려들었고, 결국은 실존주의자들을 완전히 쓰러뜨렸다. 그

결과 실존주의는 엄청난 속도로 쇠퇴하며 시대에 뒤떨어진 철학이 되고 말

았다.

비트겐슈타인

Ludwig Josef Johann Wittgenstein 1889~1951

말할 수 없는 것에 관해서는 침묵해야 한다

아무리 치열하게 거듭된 논의와 말로써 도출된 답일지라도
그것은 결코 보편적·절대적 의미에 닿을 수 없다.
많은 철학적 행위의 오류는 여기에서 비롯된다.

***

레비스트로스로부터 시작된 구조주의라는 새로운 철학은 '인간은 자신했던 것만큼 스스로 사고하지 않았다.'라는 엄청난 결론을 내놓았다. 우리의 행동은 사실 무언가에 조종당한 결과였다. 당시 사람들은 그 무언가를 구조라 불렀는데, 그렇다면 그 구조란 과연 무엇일까?

잠시 다음의 그림을 보자. A라는 도형 하나가 있다. 우리는 이 도형이 무엇인지 모른다. 기껏해야 동그라미 같기도 하고 삼각형 같기도 한, 어쨌든 일그러진 도형 정도로 보일 뿐이다.

A

그럼 다음 쪽의 그림을 보자. 이번에는 A 외에도 B, C, D, E라는 도형이 나열되어 있으므로 그것들을 비교함으로써 거기 숨은 '공통의 형태원'를 발견할 수 있다. 즉, 한눈에 이 도형들은 원을 일그러뜨리거나 구부리거나, 원에 무언가 수학적 변환을 가해서 만든 것임을 알아챌 수 있다. 그러면 여기에 도형 A밖에 보지 못한 사람과 도형 A~E를 전부 본 사람이 있다면, 둘 중 누가 도형 A의 본질을 잘 이해할까? 물론 후자다. 전자는 하나의

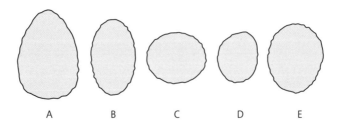

도형밖에 보지 못했기 때문에 그 도형이 우연히 그렇게 되었는지 혹은 필연적으로 그렇게 되었는지를 알 수 없지만, 후자는 다수의 도형을 비교하고 공통적인 특징그 도형들을 성립시킨 근본적 구조을 도출함으로써 A의 본질을 쉽게 알아낼 수 있다.

'개별'을 보지 말고 '다수'를 보면서 그것들을 성립시킨 근본적 구조를 찾아내라. 그래야 대상을 더 깊이 이해할 수 있다.

정리하자면 이러한 이야기인데, 이 정도면 구조의 대략적인 개념은 파악했을 것이다. 참고로, 이처럼 구조를 찾아내는 수법은 대상의 이해뿐만 아니라 창조에도 도움이 된다. 앞의 도형을 예로 든다면, 근본적 구조가 '원'임을 알아챈 사람은 그 원을 적당히 일그러뜨려 새로운 도형 X를 만들 수 있다. 이것은 하나의 도형밖에 보지 못한 사람은 도저히 구사할 수 없는 창조 활동이다.

제4장 | 구조주의 철학

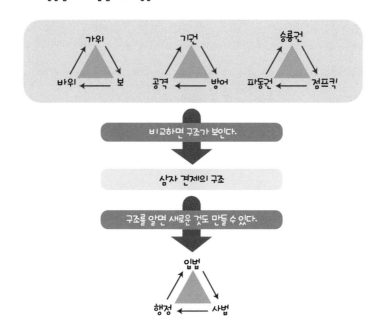

개별이 아닌
다수를 보라

지금까지 말한 구조주의의 개념에 대해 다시 정리해 보자.
구조주의의 주장은 다음 두 가지였다.

1 인간의 사고는 '구조'에 지배당한다. 인간은 스스로의 의지로 자유롭게
 사고하는 것 같지만, 사실은 무의식적으로 '모종의 구조'에 따라 사고
 하고 있다.

2 개별이 아닌 다수를 보라. 그러면 공통적인 구조를 파악해 세계를 더 깊이 이해할 수 있고 새로운 것을 만드는 데에도 도움이 될 것이다.

사실 1과 2는 본질적으로 같은 말이다. '인간과 구조'의 관계를 부정적으로 받아들이면 1처럼 표현되고, 긍정적으로 받아들이면 2처럼 표현될 뿐이다. 요즘 많은 구조주의 입문서가 '구조주의 = 서양 중심주의 비판'이라는 논조로 구조주의를 소개하는데, 이것은 결국 2에서 유래한 생각이다.

서양인들은 서양 문명이 최고라고 생각하고, 서양이라는 하나의 관점과 문화로만 사물을 보려 한다. 그러나 세상을 제대로 이해하고 싶다면 동양 및 미개 사회의 문화와 사고방식에도 주목해야 한다. 그리고 서양 문명을 '다수' 중 하나로 간주해 공통된 '구조'를 찾아내고, 넓은 시야로 세상을 바라봐야 한다.

좀 더 단적으로 표현하자면 다음과 같다.

'개별(서양 문명)'로만 사고하지 말라. 서양인은 자신들이 세계의 중심이며 가장 뛰어나다는 교만하고 독선적인 태도를 버려야 한다. '개별'이 아닌 '다수'로 생각하라.

구조주의에 관한 다양한 논의는 모두 1이나 2로 귀결되는데, 말했다시피 1과 2는 결국 같은 말이므로 구조주의는 그다지 어려울 것이 없다. 그러나 이상하게도 구조주의 입문서 대부분이 난해하다. 읽어도 무슨 이야기인지 알 수 없는 책이 많다. 그것은 아마도 구조주의를 공부할수록 독자의 내면에서 '부정적인 주장 1'과 '긍정적인 주장 2'가 뒤섞이기 때문일 것이다.

1의 견해를 취하는 입문서는 프로이트의 정신 분석과 무의식의 관점에서 구조주의를 논할 것이고, 2의 견해를 취하는 입문서는 시스템론과 수학의 관점에서 구조주의를 논할 것이다. 당연히 두 책을 다 읽은 사람은 혼란을 느낀다. 하물며 한 권의 책 안에 두 가지 관점을 담고, 심지어 '실존주의 비판'과 '서양 중심주의 비판'까지 친절히 망라해 놓았다면, 그 책을 읽은 사람은 "그래서 구조주의가 뭐라는 거지?"라고 되물을 것이 분명하다.

그처럼 다양한 방법으로 설명할 수 있으며 지금도 완전히 이해되지 않았다는 것이 구조주의의 난해한 점이다. 어쨌든 그 설명 중 하나인 '긍정적 주장 2' 쪽이 주목을 받은 덕분에 구조주의는 단숨에 세상을 석권할 인기 철학으로 급부상한다.

지금까지 미개하다며 무시했던 부족까지 포함해, 전 세계의 ○○를 나란히 비교함으로써 그 배후에 숨겨진 공통 구조, 보편적 구조를 찾아내자. 그러면 ○○를 좀 더 깊이 이해할 수 있고, 그 구조를 이용해 새로운 ○○를 만들어낼 수 있을지도 모른다! 브라보!

○○는 음악, 무용, 문학 등 무엇이든 될 수 있다. 구조주의의 사고방식은 이런 식으로 세상 모든 것에 적용될 수 있다. 결국 그 광범위함과 실용성 때문에 구조주의는 철학자만이 아니라 음악가와 건축가에 이르기까지

다양한 장르의 지식인들 사이에서 대유행하게 된다. 그렇다면 정작 철학자들은 어떤 ○○의 구조를 찾아내려 했을까? 그것은 바로 '언어말'다.

언어의
구조

왜 '언어'인가 하면, '언어＝사고'이기 때문이다. 여기에는 설명이 조금 필요할 듯하다. 사실 우리의 생각은 전부 언어로 이루어지며, 우리는 언어를 사용하지 않고는 생각할 수 없다. 잘 믿기지 않는다면 직접 시험해 보자. 당신이 무엇을 어떻게 생각하든, 그 사고는 반드시 'ㅁㅁ는 ××고……. 그래서 ○○니까…….'하는 언어적 형식을 취할 것이다. 이것은 매우 자연스러운 일이다. 본디 사고란 '언어를 소정의 규칙에 따라 운영하는 것'이기 때문이다.

그렇기 때문에 '언어＝사고'이며, 언어화할 수 없는 것은 생각할 수 없고 생각할 수 없는 것은 언어화할 수 없다. '언어＝사고'라는 공식을 이해했든 하지 못했든, 적어도 그러한 관점이 있다는 것을 전제한다면 당신 역시 철학자들이 왜 언어의 구조를 찾으려 했는지 이해할 수 있을 것이다. 즉 이런 것이다.

1 어쩌면 '언어＝사고'가 아닐까?
2 그렇다면 다양한 언어를 분석해 거기 숨겨진 공통 구조, 보편적 구조를 찾아낸다면? 그것이 곧 '사고의 구조'가 아닐까?

제4장 | 구조주의 철학

3 즉 동서고금의 언어의 구조를 이용하여 새로운 사고 체계, 철학을 만들어낼 수 있을지 모른다!

실제로 이와 같은 방식을 택한 소쉬르Ferdinand de Saussure, 1857~1913라는 언어학자가 있었다. 그는 "모든 언어에는 '차이의 체계'라는 보편적 구조가 숨어 있다."라는 획기적인 이론을 제창하여 새로운 학문 분야를 개척했다. 소쉬르는 다른 언어학자들이 단순히 언어는 무엇인가언어의 내용에 주목한 것과 달리 언어 자체가 가지고 있는 내적 관계, 구체적 단위들의 대립차이을 기반으로 하는 체계구조에 집중했다. 중요한 것은 이처럼 언어에서 구조를 찾아냄으로서 철학사에 이름을 남긴 학자가 실제로 존재했다는 사실이다.

이런 성공 사례도 있어서, 당시 철학계는 언어의 구조를 분석하는 데 몰두했다. 그러한 배경 속에서 최강의 언어 철학자가 등장한다. 바로 오스트리아의 언어 철학자 비트겐슈타인이다.

괴짜
비트겐슈타인

비트겐슈타인이라는 인물을 정확히 표현하는 말이 있다면 바로 '괴짜'일 것이다. 그는 철강업으로 막대한 부를 축적한 거부의 아들로서, 어릴 때부터 비트겐슈타인 궁전이라 불리는 어마어마한 저택에서 성장했다(저 유명한 음악가 브람스가 그곳에서 첫 콘서트를 열었을 정도다). 그런데 그는 그 재산을 전부 포기하려 했다. 그 외에도 갑자기 수도승이 되려고도 했고, 혁명 후 러시아의 빈촌에 가서 극빈한 생활을 시도하기도 했다. 아무래도 그는 가난한 생활을 동경했던 모양이다.

그런 그가 어느 날 철학자로 연구를 시작하더니 불현듯 "철학 문제를 전부 해결했다! 내가 철학을 끝냈다!"라고 선언해 버렸다. 참고로 비트겐슈타인은 나중에 그 연구 결과를 박사논문으로 제출했다. 그 논문을 심사하는 자리에는 노벨상까지 받은 위대한 수학자이자 철학자인 러셀Bertrand Russell이 심사위원으로 참석했는데, 비트겐슈타인은 스승이기도 한 그에게 다가가 어깨를 탁 치며 "걱정 마세요. 당신은 제 철학을 도저히 이해할 수 없을 테니까요."라고 말했다고 한다.

그는 그렇게 멋대로 선언하고 시골로 가서 초등학교 교사가 되었다. 그러나 그렇게 직설적이고 별난 성격에 초등학교 교사를 잘 해낼 리가 없었다. 그는 얼마 되지 않아 학부형과 충돌을 일으켜 이상한 귀족이라느니, 미쳤다느니 하는 소문이 나돌게 되었고, 결국 질문에 답하지 못하는 학생을 체벌해 기절시킨 사건으로 학교에서 퇴출되었다. 그 후 그는 태연하게 대학에 복귀했다. 그리고 "예전에 내가 철학을 끝냈다고 말했잖아. 그건 거짓말이었어."라며 철학 연구를 재개하였고, 또 다시 역사에 남을 만한 위대한 철학을 내놓았다.

이처럼 분명 천재이긴 하지만 친구로서는 결코 가까이 하고 싶지 않은 사람이었던 비트겐슈타인. 그의 철학은 흔히 전기와 후기로 나뉜다. "철학을 끝냈다."라고 선언하기 전의 철학이 전기, "역시 틀렸어. 다시 시작해야겠어."라며 재개한 철학이 후기다. 이제 하나하나 살펴보기로 하자.

말할 수 없는 것에는
침묵하라

먼저 전기부터 살펴보자. 전기 비트겐슈타인은 '언어'를 다음 과 같이 정의했다.

1 세계는 사실의 집합이다.
2 언어는 그 사실을 기술한 것이다.
3 따라서 언어는 세상사실을 비추는 거울이다.

이 정의는 영어나 프랑스어, 중국어, 일본어, 한국어뿐만 아니라 미개 사회의 언어에도 똑같이 해당된다. 즉 구조주의적으로 말해, 비트겐슈타 인은 언어에 포함된 보편적 구조를 '세계의 사실을 기술하는 것'으로 규정 한 것이다. 이에 별다른 반론을 제기할 사람은 없을 것이다. '언어란 사실 을 표현하는 것'이라는 말은 오히려 당연한 소리다. 즉, "거기 사과가 있 다."라는 말은 '거기 사과가 있다'는 사실을 표현하는 것 외에 대체 무엇이 겠는가?

그런데 그는 어떻게 이렇게 당연한 이야기, 중학생 수준의 철학으로 역 사에 남을 위대한 언어 철학자가 된 것일까? 그것은 그가 그런 당연한 출 발점에서 무척 극단적인 결론을 도출한 데다가, '아무도 말하지 못한 것'을 대담하게 말했기 때문이다. 비트겐슈타인의 말을 단적으로 요약하면 이 렇다.

철학 같은 건 무의미해. 사실 지금까지 철학자들이 시끄럽게 떠들어 댄 건 전부 언어 사용법을 착각해서 만들어낸 '무의미한 문자의 나열'이었어. 그러니까 철학은 끝났어. 이제 모두 해산~!

무슨 말일까? 우선 언어가 '사실을 기술하는 것'이라고 하면, 어떤 언어_{문장}든 반드시 일정한 사실에 대응해야 한다. 반대로, 어떠한 사실에도 대응하지 않는 언어_{문장}가 있다면 그것은 이미 언어가 아니라 그저 '무의미한 문자의 나열'에 불과하다.

예를 들어 '헤메로 페카 페카'라는 문장이 있다고 하자. 이 문장이 어떤 사실에도 대응하지 않는 것은 자명하다. 그래서 이 문장은 '무의미한 문자의 나열'에 불과하며 언어_말가 아니다. 다시 말해, '사실과의 대응 관계 유무'가 언어인가 아닌가를 판단하는 기준이라는 뜻이다. 어떤가? 지금까지는 그리 어렵지 않은 이야기이니 대부분 이해했을 것이라 생각한다. 그렇다면 여기까지 말한 것을 기초로 질문해 보자.

'신은 존재한다.'라는 문장은 언어일까?

일단 '신'을 사실을 넘어선 무언가, 확신 불가능한 무언가라고 간주하면 앞의 판단 기준에 의해 이 문장은 언어가 아니게 된다. 즉 무의미한 문자의 나열, '@#$%%' 등과 같다. 그러면 당연히 '신이란 무엇인가?'라는 문장도 무의미한 문자의 나열이 되고 그에 대한 대답, 아니 애당초 신에 관한 모든 문장이 무의미한 문자의 나열에 불과해진다.

　　　　　　　　　　　　　　제4장 | 구조주의 철학

그렇다면 '나는 그를 사랑한다.'라는 문장은 어떨까? 이 문장은 얼핏 보아 사실에 대응하는 듯하지만, 실제로는 사실에 대응하지 않는다. 진정한 의미에서 '사실'을 말하려면 이렇게 말해야 한다.

ㅇ년 ㅇ월 ㅇ일 ㅇ시 ㅇ분 ㅇ초에 내 망막에 그의 영상이 비쳤고, 그 자극 신호가 내 뇌의 특정 부위를 활성화시키자 내 뇌에서 화학물질이 대량으로 분비되고 내 심박 수가 상승했다.

이것이 실제로 일어난 일, 즉 사실이다. 이처럼 사실에 대응하도록 올바르게 기술한 것만이 언어다. 그렇다면 '나는 그를 사랑한다.'라는 문장은 사실에서 동떨어진, 사실과는 대응하지 않는 문장이므로 역시 무의미한 문자의 나열이며, 언어가 아니다. 그럼에도 많은 사람들, 특히 철학자들은 '신이란 무엇인가?', '사랑이란 무엇인가?'를 말하기 좋아한다.

모두 틀렸어. 전부 착각이다.

그런 말들은 하나같이 언어의 본질, 언어의 사용법을 이해하지 못해서 생겨난, 시시하고 무의미한 소음에 불과하다. 언어말란 반드시 사실에 대응하는 것이어야 한다. 그 외에 가령, 사랑이니 자유니 절대 정신이니 하는, 사실에 대응하지 않는 것에 대해 장황하게 설명한 두꺼운 철학서 따위는 전부 고양이가 키보드 위에 올라가 찍어 놓은 우연한 문자의 나열과 다를 바 없다. 'ㄴㅎㅗ사두rㅏ&ㅖㅢ히rkjv(*35ㅓ…' 이렇게 무의미한 문자만 나열된 엉터리인 것이다!

비트겐슈타인은 이처럼 과거의 모든 철학을 깡그리 부정했다. 그의 이런 주장논문은 다음과 같은 격언으로 요약할 수 있다.

말할 수 없는 것에 관해서는 침묵해야 한다.

이것은 비트겐슈타인의 대표 명언으로 꼽힐 만큼 유명한 말로서, 매우 탁월하게 만들어진 문장이다. 비트겐슈타인이 명성을 얻은 것은 아무도 못 한 말을 대담하게 했기 때문이라고 앞에서 말했지만, 그뿐만 아니라 그는 감히 일반인은 파고들 생각도 못 할 만큼 빈틈없는 논리로 말했던 철학자 다. 즉 그의 말에는 반박의 여지가 일체 없었다. 만약 비트겐슈타인이 평 범한 사람이었다면 이렇게 말했을지도 모른다.

그러므로 신 따위는 존재하지 않는다. 말할 수 없는 것은 존재하지 않는 셈이므로 그것에 대해서는 말할 수 없다.

그랬다면 분명 심술궂은 독자들이 이렇게 반박했을 것이다.

그러면서 본인은 말할 수 없는 것을 말하고 있잖아.

"말할 수 없는 것은 존재하지 않는다. 왜냐하면······." 이라고 말하는 순 간, "너 역시 말할 수 없는 것을 말하고 있다."라는 비판을 받게 된다. 비트겐슈타인은 그런 실수를 저지르지 않았다. 즉 그는 신이나 사랑 등 '말할 수 없는 것의 유무'라는 위험한 논점을 일절 드러내지 않고 '언어란 어떤 것이며, 그 언어로 말할 수 있는 범위는 어디까지인가_{인간이 언어적으로 생각할 수 있는 범위는 어디까지인가}?'에만 논점을 압축한 뒤 그것만 명확히 논증하는 전략을 취했다. 다시 말해 이런 식이다.

신이든 사랑이든 말할 수 없는 무언가가 존재하는지 아닌지는 나도 몰라. 어쨌든 언어적으로 말할 수 없는 것은 언어적으로 말할 수 없는 거야. 이건 단순히 언어의 표현 능력에 관한 문제니까 "말할 수 없는 것이 세상에 존재할 가능성도 있지 않습니까?"라거나 "그런 게 절대 없다고 말할 수 있습니까?"라고 나에게 묻지 마. 그런 건 나와 상관없으니까. 나는 그저 "언어란 이런 것이니 언어로는 이런 범위 안에서만 말할 수 있다."라고 이야기하는 거야. 그래서 철학자들은 말할 수 없는 것을 말할 수 없어. 그러니까 말하지 말라고, 이 사람들아(말해도 되지만, 언어로 성립되지 않으니까 의미 불명의 문자로 간주될 거야)!

이렇게 말하면 반박하기가 어렵다. '빨강은 빨개서 빨강'이라는 말이 너무 당연해서 반박할 수 없는 것과 같다. 결국 비트겐슈타인의 주장은 '말할 수 있는 것은 말할 수 있다. 말할 수 없는 것은 말할 수 없다.'일 뿐이다. 물론 이 주장을 부정할 수는 있다. 비트겐슈타인의 언어의 정의_{사실과 대응하는 것만이 언어다}를 뒤집으면 된다. 그러나 그러면 '내 언어는 사실과 대응하지 않습니다.'라고 인정하는 것과 똑같아지니 그것도 곤란하다. 용의주도하게도 비트겐슈타인은 가부를 논할 수 없는 외통수를 마지막에 둔 것이다.

단, 이 '말할 수 없는 것에 대해서는 침묵하라.'라는 유명한 구절에는 다양한 해석이 존재한다. 예를 들어 "이 말은 말할 수 없는 것에 대해 억지로 말하지 말고, 말할 수 있는 것을 철저히 말함으로써 결과적으로 말할 수 없는 것을 밝혀내라는 의미였어. 즉 비트겐슈타인은 말할 수 없는 것은 말할 수 없더라도 여전히 존재한다고 주장하고 싶었던 거야."라는 식이다.

자, 여기까지가 비트겐슈타인의 전기 철학인데, 그는 후기로 접어들며 자신의 이전 철학이 모두 틀렸다고 인정하고 깨끗이 폐기하고 만다.

언어의
새로운 정의

이제 후기에 대해 이야기를 해보자. 방금 말했듯이 비트겐슈타인이 전기의 자기 생각을 오류라고 결론지은 데에는 아래와 같은 일이 계기가 된 듯하다. 어느 날 지인 한 명이 비트겐슈타인을 찾아와 턱을 문지르며 이렇게 질문했다.

이건 어떤 의미지?

이에 비트겐슈타인은 충격을 받았다. 물론 '턱을 문지르는 행동'은 보여지는 행동 외에 세상의 어떤 사실과도 대응하지 않는다. 그러므로 전기 철학으로 말하자면 이 행동은 언어가 아니고, 의미 불명의 행위일 터였다.

그러나 '턱을 문지르는 행동'은 그가 사는 지역에서는 '상대를 모욕하는 뜻'을 나타내는 행위로 알려져 있었고, 실제로 비트겐슈타인은 그 의도를 이해했다.

어떤 사실과도 대응하지 않는 것이 의미를 갖고 상대에게 전달되었다.

이것은 전기 철학으로는 결코 설명할 수 없는 일이었다. 이를 계기로 비트겐슈타인은 자신의 전기 철학에 오류가 있었음을 생각하게 되었고 새로운 언어의 정의를 고민하기 시작한다. 그렇다면 새로운 언어의 정의는 무엇이었을까? 비트겐슈타인은 다음과 같이 말한다.

언어의 의미란 그 사용이다.

이것이 '의미의 사용 이론'이라 불리는 비트겐슈타인의 유명한 정의인데, 이해가 약간 어려울 듯하므로 이렇게 바꿔 읽어 보겠다.

언어의 의미는 어떻게 사용하느냐에 달려 있다.

좀 더 쉽게 바꿔 보자.

언어의 의미는 상황으로 정해진다. 즉 언어란 어떤 상황에서 쓰이느냐에 따라 의미가 달라진다.

예를 들어 '물'이라는 말을 생각해 보자. 전기 철학에 따르면, 이 말은 현실 세계에 있는 '물'에 대응하는 말이므로 당연히 이 말의 의미는 '물' 하나다. 즉 "물!"이라 말하면 당연히 현실의 물을 의미한다. 그러나 실제로 대화를 할 때는 '물'이라는 말이 반드시 현실의 물을 의미하는 것은 아니다. 예를 들어 사막 한가운데서 쓰러진 사람이 필사적인 얼굴로 "물!"이라고 말한다면 그것은 단순히 현실의 물을 의미하지 않는다. 그 상황에서는 '물을 마시게 해 달라.'는 의미로 해석해야 한다. 혹은 탁자 끝에 물이 든 컵이 아슬아슬하게 놓여 있고 그 옆에서 아이가 TV에 열중해 있을 때 엄마가 "물!"이라고 외친다고 하자. 이때 아이의 엄마 역시 단순히 '물'을 의미한 것이 아니라 '물이 쏟아질 것 같으니 조심해!'라는 의도를 전달하고 있다.

이처럼 '물'이라는 말은 상황에 따라 다양한 의미를 지닌다. 당신 역시 이런 질문을 받으면 곤란해질 것이다.

한 남자가 하늘을 향해 주먹을 쳐들고 울부짖으며 이렇게 외쳤다. "물! 물! 물!" 이때 이 남자가 외친 말은 무슨 의미일까?

만약 이런 문제가 국어시험에 나왔다면, 당신은 분명 이렇게 대답할 것이다.

전기 비트겐슈타인에 따르면 답은 정해져 있겠지요. 그러나 실제로는 그 남자가 어떤 상황에서 그런 말을 했는지 좀 더 알아야 문제에 답할 수 있습니다.

제4장 | 구조주의 철학

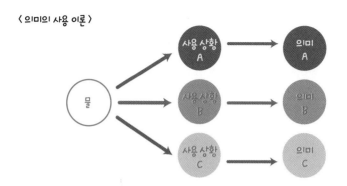

〈 의미의 사용 이론 〉

사용 상황 A → 의미 A
물 → 사용 상황 B → 의미 B
사용 상황 C → 의미 C

같은 말이라도 상황에 따라 의미가 달라진다.

왜냐하면 후기 비트겐슈타인이 말했듯, '물'이라는 말 자체에는 의미가 없고, 사용하는 측의 상황에 따라 다양한 의미를 갖게 되기 때문이다.

이제 '언어 → 사용 상황 → 의미'의 관계성은 이해했을 것이다. 그런데 그 관계성은 과연 어떻게 정해질까? 비트겐슈타인은 이 질문에 대해 "특별한 근거 없이, 각각의 문화권에서 그때그때 우연히 정해진다."라고 답한다. 맞는 말이다. 일례로 앞에 등장한, 사막 한가운데서 괴로운 듯 "물!"이라고 외친 사람을 생각해 보자. 여기에는 다음의 관계성이 있다.

(언어)   (사용 상황)   (의미)
물 → 사막에서 괴로운 표정으로 말하기 → 물을 마시고 싶다.

사실 이 관계성에는 근거가 없다. 화자는 우연히 '이런 상황에서 이렇게 말했다면 보통 이럴 것이다.'라는 '약속관습적규칙'이 존재하는 문화권에서 살고 있기 때문에 그렇게 말한 것이며, 청자도 우연히 같은 문화권에서 살고 있으므로 그 의도를 알아챈 것이다. 그러면 만약 이런 문화권의 사람이 그 말을 들었다면 어땠을까?

지식욕이 채워지지 않으면 사람은 괴로워하다가 죽는다. 그래서 괴로운 표정으로 명사를 외치는 것은 반드시 그것에 관해 알고 싶다는 뜻이다.

분명, 이 사람은 아까의 말을 다르게 알아들을 것이다.

"물… 물……."
"네, 물에 관해 가르쳐 드리죠. 물이란 화학식으로 쓰면 H_2O이며……."

물론 이 사람이 나쁜 것이 아니다. 전혀 다른 문화권에서 전혀 다른 '언어 → 사용 상황 → 의미'의 관계성을 배웠기 때문에 말이 통하지 않은 것뿐이다. 즉 같은 언어, 같은 상황이라 해도 항상 같은 의미가 되는 것은 아니며, 그 의미는 그 사람이 어떤 약속관습적규칙이 존재하는 문화권에 사느냐에 따라 달라진다.

앞서 말한 턱을 문지르는 행동을 생각하면 위의 설명을 좀 더 분명히 이해할 수 있다. 상대의 얼굴을 보며 턱을 문지르는 행동은 비트겐슈타인이 속한 문화권에서는 상대를 모욕하는 의미였지만, 당연히 다른 문화권에서는 그런 의미가 없다. 즉 '턱을 문지르다 → 모욕'이라는 관계성은 절대적인 것이 아니라 그 지역 사람들이 관습적으로 그런 의미를 담아 하는 행동이므로 그렇게 이해되는 것뿐이다. 여기까지의 이야기를 정리하면 다음과 같다.

1 언어의 의미는 사용하는 상황에 따라 달라진다.
2 그러나 그 '언어, 사용 상황, 의미'의 관계성에는 논리적인 근거가 없다.
3 언어의 의미는 각 지역문화권 사람들이 일상생활을 영위하는 동안 우연히 형성된 관습적인 규칙에 따라 정해진다.

비트겐슈타인은 이와 같은 언어의 특징구조을 '언어 게임'이라는 용어를 통해 더 깊이 탐구했다.

언어 게임이란
무엇인가

언어 게임이란, 말 그대로 '언어는 게임과도 같다.'라는 비트겐슈타인 특유의 언어관이 잘 반영된 철학 용어다. 언어가 '게임'이라니 무슨 뜻일까? 일단 게임이란 무엇인지부터 생각해 보면 '일정한 규칙의 집합'이라 말할 수 있다.

야구를 예로 들어 보자. 알다시피 야구에는 다양한 규칙이 있다. 공을 치면 1루로 달려야 하고 홈을 밟으면 점수가 올라가며 헛스윙을 세 번 하면 아웃이다. 그런 규칙들이 모여 야구라는 게임을 형성한다. 그러나 이들 규칙에 논리적 근거가 있느냐고 물어보면 대답하기 어렵다.

공을 친 다음에 왜 1루로 뛰어야 하죠? 3루로 뛰면 안 되나요?

당연히 안 된다. 그냥 '규칙이니까' 지켜야 한다. 그래도 "왜요? 왜 그런 거죠?"라고 끈질기게 물어보면 "규칙이라니까! 이 게임에 참가하고 싶으면 규칙을 지켜야 해!"라고 말하는 수밖에 없다. 즉 게임이란 많은 규칙으로 이루어져 있는데, 어떤 규칙에도 그래야 하는 근거, 즉 당위성은 없다. 말하자면 게임은 '우연히 정해진 규칙의 집합으로 이루어진 것'이다.

비트겐슈타인은 그 점에서 언어 또한 게임과 같다고 말한다. 언어에도 많은 규칙이 있다. '사, 과'라는 음성 기호가 원칙적으로 현실 세계의 사과를 지시하는 것은, 같은 문화권에 사는 사람들 전체의 약속이며, 배를 문지르며 "사과"라고 말하는 행동이 배가 고프니 사과를 먹게 해 달라는 의미로 해석되는 것도 하나의 약속이다. 그러나 이들 규칙에는 아무 근거가 없다. 사실 같은 말이 다른 문화권에서는 전혀 다른 의미로 통하기도 한다. 즉 언어도 게임처럼 우연히 정해진 근거 없는 약속규칙의 집합으로 성립되는 것이며, 우리는 그런 규칙에 따라 의미를 주고받으며 살아간다.

언어가 근거 없는 규칙의 집합, 게임과 같다는 말은 이해했다. 그런데 그게 어쨌다는 것일까? 비트겐슈타인은 여기서 너무나 극단적인, 말도 안 되는 결론을 도출한다.

언어는 게임처럼 아무 근거도 없는 규칙으로 이루어져 있다. 그렇다면 이

전에 철학자들이 몰두해 온 '진리란 무엇인가', '선이란 무엇인가'라는 논의도 전부 아무 근거 없는 규칙의 틀 안에서 진행되어 온 셈이다. 즉 그 모든 주장은 전부 게임, 다시 말해 시시하고 말도 안 되는 시끄러운 소음에 불과했다.

잠시 정리해 보자.

1 우선 '인간의 사고는 언어로 이루어진다. 즉 사고는 언어다.'를 대전제로 한다.

2 그러나 언어가 '아무 근거도 없는 규칙의 집합'이며 '언어의 의미'가 이 근거 없는 규칙에 의해 달라진다면, 인간이 아무리 논의를 거듭하여 대답_{의미}을 도출하더라도 그것은 어디까지나 근거 없는 규칙 안에서 도출된 답에 불과하다.

3 언어가 그런 것인 이상, 인간은 아무리 사색을 해도 보편적이고 객관적인 답_{의미}에 도달할 수 없다.

그렇기 때문에 끝없는 말들로 시끄럽게 떠들어 대던 과거의 모든 철학이 틀렸다는 이야기다. 이해를 돕기 위해 다시 한 번 야구의 예를 들어 보자. 이런 질문이 있다고 하자.

방망이로 공을 친 후 1루로 달렸다. 과연 이 행동은 옳을까?

단순히 야구 규칙에 비추어 보면 답은 '그렇다'이다. 그러나 '과연 그것은 보편석이고 객관적이며 결코 틀림없는 답일까?'라고 집요하게 추궁하면 어떻게 될까? 그렇게까지 추궁한다면 이렇게 말할 수밖에 없다.

"어쨌든 내가 아는 야구 규칙에 비추어 보면 '옳다'가 답이야. 만약 3루로 달리는 게 규칙인 야구가 있다면 답은 반대가 되겠지."

이때 다시 이렇게 물어보면 어떻게 대답할 것인가?

그렇다면, '방망이로 공을 친 뒤 1루로 달렸다. 이 행동은 옳은가?'라는 질문에 대해 보편적이고 객관적인 답을 도출하는 일은 과연 가능할까?

이 질문에는 이렇게 대답할 수밖에 없다.

"아니. 아무리 논의와 사색을 거듭해도 그건 불가능해. 규칙은 게임마다 다르잖아? 어떤 게임(규칙)을 기준으로 그 질문을 해석하느냐에 따라 '옳다', '그르다'가 결정될 테니까. 그 질문에 보편성이나 객관성을 요구하는 것 자체가 말이 되지 않아."

타당한 말이다. 반대 입장에서 생각해 보자. 처음 들어보는 나라에서 온 외국인이 "우리나라의 소큐라는 게임에서는 원래 공 따위는 치지 않아. 그래서 그 질문의 답은 '그르다'야."라고 말한다면 당신은 '대체 무슨 소릴 하는 거지?'라고 생각할 것이다. '네가 사는 곳의 규칙이 그렇게 되어 있을 뿐이야.'라고 말이다. 외국인의 주장에 아무 보편성도 객관성도 없는 것은 명백하다.

그러나 곤란하게도 그는 그 사실을 몰라서, 보편성도 객관성도 없다는 지적에 얼굴을 붉히며 화를 낸다. 심지어 몇 백 장이나 되는 두꺼운 책을 당신에게 내밀며 설교까지 하려 든다.

"이것 봐, 그 유명한 ○○ 선생도 이렇게 썼잖아. 이 책을 읽어 보기나 했어? 기본 중의 기본이잖아. 이것도 안 읽었으면서 아는 척 하지 말라고!"

이쯤 되면 말이 통하지 않는다. 그 책이 얼마나 기본적이며 위대한지는 당신과 전혀 관계없는 일이다. 애초에 게임에서 보편적이고 객관적인 타당성을 추구하는 것 자체가 쓸데없는 짓이니까. 자, 이제 이해가 되었을 것이다. 요컨대 비트겐슈타인은 이렇게 말한 것이다.

'철학자'는 비유에 등장한 '게임의 규칙을 보편적인 타당성으로 착각하여 자신의 주장을 호소하는 남자'과 같다.

애당초 언어란 근거 없는 규칙의 집합, 즉 게임에 불과하다. 그렇다면 어떤 명제에 대해서도 '옳다', '그르다'를 판단할 수 없다. 그 진위는 어떤 게임규칙을 상정하느냐에 따라 얼마든지 달라질 수 있기 때문이다. 그러므로 말을 끝없이 반복하면서 보편적이고 객관적인 진위를 판단하려는 철학적 행위 자체가 처음부터 불가능한 시도였던 것이다. 그런데도 철학자들은 그것이 가능하다고 믿으며 끝없이 말을 되풀이해 왔다.

전부 틀렸어. 전부 착각이야!

이렇게 외치며, 비트겐슈타인은 인류가 2000년이 넘는 시간에 걸쳐 필사적으로 쌓아올린 방대한 철학서들을 '언어 게임'이라는 한마디로 물거품을 만들어 버렸다.

철학을 끝내 버린
철학

여기서 이야기를 구조주의로 돌려 보자. 구조주의적으로 말하자면 후기 비트겐슈타인은 다음의 구조를 찾아낸 셈이다.

언어는 근거 없는 규칙에 의해 성립된다.

이를 다시 말하면 이렇다.

언어의 규칙(의미 부여, 문법 규칙)은 문화권마다 다른 관습 등에서 비롯된, 소위 우연의 산물에 불과하다. 따라서 언어에는 '반드시 이래야 한다'는 등의 보편적 구조가 없다. 이것이 언어의 보편적 구조다!

비트겐슈타인은 무척이나 역설적인 결론을 도출한 것이다. 그가 이 주장을 발표한 후 철학계는 혼돈에 빠졌다. '선'과 '정의'와 '진리'에 관해 논하거나 분량이 어마어마한 대작을 발표하더라도 언어 게임이라는 한마디로 일축될 수 있었기 때문이다. 결국 후기 비트겐슈타인은 철학을 끝내 버리는 철학을 만들어냈다.

5

포스트구조주의
철학

세상의 보편적 구조를 찾아냄으로써 본질을 파악할 수 있을 것이란 기대를 주었던 구조주의였지만, 논의가 깊어질수록 맹점이 나타났고 사람들은·구조주의를 외면했다. 그리고 진리를 에워싼 논쟁에 염증을 느낀 사람들은 유일·보편의 옳은 것의 부정하는 시대, 즉 진리 추구를 거부하는 시대로 나아가기 시작했다.

데리다

Jacques Derrida 1930~2004

텍스트의 내부에서 비판하라

누군가가 쓴 말에 '진리·유일한 해석'이 있다는 것은 오해다.
어떤 말에도 단정할 수 있는 의미란 없다.

* * *

　　'서양, 동양, 미개 사회를 동일선상에 나열한 후 그것에서 보편적 구조를 찾아냄으로써 세계의 본질을 파악하자.'라고 주장한 구조주의 철학은 다양한 분야의 지식인들을 매료시켰고, 세상에 일대 선풍을 일으켰다. 그러나 선풍은 언젠가 사그라지는 법. 결국 구조주의는 다음과 같은 이유로 조금씩 쇠퇴해 갔다.

이유 1 　언어의 구조를 분석한 결과 흥미로운 것을 발견하기는커녕, 오히려 구조주의(를 포함한 종래의 철학)가 붕괴되었다.

　처음에 구조주의는 '언어를 분석해 그 구조를 찾아내면 무언가 획기적인 사실을 발견할 것이다. 인간의 언어사고의 본질에 다가설지도 모른다.'라는 기대를 모았으나 결과는 앞 장에서 말한 대로다. 언어를 분석한 결과, 달갑지 않은 결론이 나온 것이다.

　언어는 근거 없는 규칙(각각의 문화권이 이루는 사회적 관습)에 의해 성립되며, 그 언어를 아무리 구사해도 보편적 답(다른 관습을 지닌 다른 사회의 사람들에게도 통하는 공통된 답)을 도출할 수 없다.

　이 결론을 그대로 받아들이면 철학자들은 모두 쓸모없는 사람이 된다. 철학자는 언어사고를 구사하여 사물의 내면에 숨겨진 보편적인 답진리, 구조을 찾아내는 일을 하기 때문이다. 그것이 애초에 불가능한 일이라고 한다면 철학자들은 아무 쓸모가 없어진다. 즉 구조주의에 의한 언어 분석은 기대를 저버렸다. 언어 분석은 구조주의이를 포함한 종래의 철학를 발전시키기는커녕 구조를 추구해도 아무 소용이 없다는 적나라한 결과를 도출하고 말았다.

이유 2 어떤 구조를 찾아내든 그것은 철학자의 어림짐작에 불과하다는 사실이 밝혀졌다.

동서고금의 사물을 나열한 뒤 거기서 보편적 구조를 찾아내려 하는 구조주의는 실용적 사고법임에는 틀림없다. 그러나 그렇게 찾아낸 구조의 정당성, 타당성은 어떻게 보증할까? 이 의문을 좀 더 단적으로 표현해 보자.

구조주의자가 찾아낸 구조란 그저 착각일 수도 있지 않을까? 내 말이 틀렸다면 지금 바로 증명해 봐. 어때?

이 의문에 구조주의는 어떻게 답할까? 결론부터 말하자면, 증명할 수 없다. 유감스럽게도 구조주의는 앞의 심술궂은 질문에 대해 유효한 답을 내놓지 못한다. 즉 "구조주의는 엉터리 아니야?"라는 반박에 대해 "네, 엉터리인지도 모릅니다."라는 소극적 대응밖에 하지 못하는 것이다.

왜일까? 그 원인은 구조주의라는 접근법이 원래 구조를 추출하기 위해 '정석'이 될 만한 올바른 방법을 갖추지 못한 데 있다. 정석이 없으면 어떤 점이 어려울까? 그 답은 반대로 생각해 보면 금세 알 수 있다. 만약 구조주의가 '구조를 추출하기 위한 올바른 방법정석'을 갖추었다고 하자. 그렇다면 동서고금의 ○○를 나열한 후 그 정석을 따르기만 하면 A 씨든 B 씨든 똑같은 구조를 찾아낼 수 있다. 구조의 추출 방식이 하나정석로 정해져 있으므로 당연한 일이다. 이처럼 누가 분석해도 같은 구조가 나올 때, 구조주의자들은 "이것이 ○○의 보편적 구조입니다! 틀림없습니다!"라고 자신 있게 말할 수 있을 것이다.

그러나 현실에는 그런 정석이 존재하지 않는다. 그러면 어떻게 될까? 정석이 없으므로 A 씨는 A 씨의 방식으로, B 씨는 B 씨의 방식으로, 즉 각자의 추측으로 적당히 구조를 추출하는 수밖에 없다. 그렇게 하면 결국 개인의 역량 문제가 되므로 구조주의는 이렇게 말해야만 한다.

동서고금의 ○○를 열거해 분석한 결과 이러이러한 보편적 구조가 발견되었습니다. 그러나 이것도 '내가 그냥 그렇다고 생각했을 뿐'이라서 틀릴 수도 있습니다.

구조주의 초기에는 그래도 괜찮았다. 가령 누군가가 동서고금의 '신화'를 나열하고 거기에서 일정한 공통점을 찾아내어 "이것이 신화의 보편적 구조입니다. 인류의 원초적 이야기에는 지역에 관계없이 이런 보편적 구조가 숨겨져 있습니다."라고 처음 발표했을 때는, 그것만으로도 신선하고 충격적이어서 모두가 긍정적으로 그 학설을 받아들였다. 그러나 그 후 시간이 흘러 백 명쯤 되는 학자가 등장해 "과연 흥미로운 방법이다. 우리도 한 번 해 보자."라며 제각기 다른 구조를 찾아내어 논문을 쓴다면 어떻게 될까?

무엇에 착안하여 어떤 공통점을 찾아내느냐에 따라 결과는 제각각일 것이다. 당연히 백 가지의 학설이 탄생한다.

"이런 장면에서는 반드시 이런 동물이 등장하므로 신화에는 이런 구조가 있다고 할 수 있습니다."
"등장인물의 남녀 구성비로 보면 이런 구조가 존재한다고 할 수 있습니다."

이쯤 되면 수습이 어렵다. 무엇이 과연 올바른 논문일까? 전부 옳다고 할 수는 없다. 논문이 백 개나 되면 서로 모순되는 내용도 있을 테니 말이다. 그러면 이들 논문 중에서 구조를 바르게 추출한 것과 단순히 개인의 생각을 쓴 것을 선별하려면 어떻게 해야 할까? 사실 그것은 불가능하다. 구조를 추출하기 위한 올바른 방법_{정석}을 아무도 모르기 때문이다. 무척 곤란한 사태다. 세상의 본질을 규명할 방법으로 고안된 구조주의인데, 시간이 흐를수록 오히려 세상의 혼란을 가중시킨다.

"이것이 ○○의 구조(본질)입니다!"
"아니, 이것이야말로 ○○의 구조(본질)입니다!"
"아니, 아니, 이것이야말로 ○○의 구조(본질)입니다!"
"아니, 아니, 아니, 이것이야말로……."

정해진 방법이 없기 때문에 사람마다 구조를 멋대로 찾아내다 보니 세상에 구조가 넘친다. 구조 A, 구조 B, 구조 C … 구조 Z. 과연 무엇이 대상의 본질에 가까울까? 분명한 것은, 그 모든 구조의 설명 밑에는 다음과 같은 주의사항이 조그맣게 쓰여 있다는 것이다.

　　※ 개인적인 견해입니다.

　이는 시간과 인력의 낭비일 뿐이다. 이런 주의사항이 붙은 학설을 아무리 모아 봤자 학문이라 할 수 없으며 세상의 본질에도 도달할 수도 없다. 물론 "정석만 찾으면 되는 거 아니야?"라고 말할 사람도 있겠지만 비트겐슈타인은 유감스럽게도 "그런 정석구조를 찾아내기 위한 올바른 방법은 없다."라고 단언해 버렸다.

비트겐슈타인의
역설

　　　　　　　다음은 비트겐슈타인이 생각해낸 유명한 이야기로, '비트겐슈타인의 역설'로 불린다. 잠시 다음 수열을 살펴보자.

　1, 3, 5, 7, 9, 11, 13, □

　1부터 시작되는 숫자의 집합인데, 이 수열에는 어떤 규칙이 있으며 마지막 □에는 무엇이 들어갈까? 대부분의 사람이 "이것은 홀수의 수열이며 마지막 □는 15다."라고 답할 것이다. 아무리 보아도 홀수만 나열되어 있고,

13 다음에 오는 홀수는 15이기 때문이다.

그러나 그것은 오답이며 정답은 14다. 왜일까? 사실 이 수열은 '맑은 날에는 홀수, 비온 날에는 짝수를 쓴다.'라는 규칙 하에 만들어졌기 때문이다. 즉 7일간 맑아서 홀수가 계속되었지만 여덟째 날에 비가 와서 짝수가 들어간 것이다. 치사하다고 생각할지도 모른다. 그러나 사실이 그러니 어쩔 수 없다. 일곱 개의 홀수가 계속되었다고 해서, 이것은 홀수의 수열이며 여덟 번째에도 홀수가 들어간다고 생각하는 것은 단순한 착각일 뿐이다. 이 비유를 통해 비트겐슈타인이 하고 싶은 말은 다음과 같다.

무언가를 나열해서 비교하더라도 올바른 규칙은 발견할 수 없다.

즉 숫자를 열거했을 때 홀수가 일곱 번 계속되든, 백 번 계속되든, 일억 번 계속되든, "이 수열에는 홀수라는 규칙성이 있다. 그러므로 다음 숫자도 홀수다. 이것은 틀림없다."라고 말할 수 없다는 것이다. 무언가를 열거하여 거기에 공통되는 무언가규칙성를 찾아낸다는 방식으로는 결코 확실한 지식을 얻을 수 없다.

인간은 복수의 대상을 비교하는 방법으로는 확실한 규칙성을 추출할 수 없다.

비트겐슈타인이 어린아이의 말꼬리 잡기 같은 유치한 논법으로 도출한 주장이지만, 어쨌든 이 역설에 비추어 보면 구조주의의 입지는 상당히 위태로워진다. 즉 동서고금의 사물을 열거하고 거기에서 어떤 규칙성과 구조를 찾았다 해도 그것은 결코 확실한 지식이 될 수 없다. 다시 말해 '구조주의를 활용하여 사물의 구조본질를 알아내기란 불가능하다.' 더 단정적으로 말하면 '구조주의는 아무 도움이 되지 않는다.'라고 할 수 있다.

새로운 철학으로 선풍을 일으킬 때는 좋았다. 그러나 철학으로서의 신선함이 퇴색하고 바람이 잦아든 후에는 많은 사람이 구조주의의 문제점을 알아채고 구조주의를 외면하기 시작했다.

뜻 없는 이름의
철학

구조주의는 이런 이유로 쇠퇴했는데 그렇다면 다음 시대에는 과연 어떤 '주의'가 등장했을까?

이른바 '포스트구조주의'로 불리는 철학이 나타나 주류를 형성한다. 참고로 여기 나온 '포스트Post'라는 말은 '~다음, ~후'라는 의미다. 따라서 포스트구조주의란 말 그대로 구조주의 다음의 철학을 뜻한다. 그런데 이건 조금 이상하다. 철학의 명칭에 아무 뜻이 없지 않은가? 마치 "구조주의 다음은 무엇입니까?"라는 질문에 "네, 구조주의 다음입니다."라고 대답하는 것과 같다. 과연 '구조주의 다음포스트구조주의'이란 어떤 철학을 말할까?

사실 이 포스트구조주의라는 '뜻 없는' 이름은 이 철학에 매우 적합하다. 왜냐하면 구조주의 이후로 인류는 선풍을 일으킬 만한 철학주의을 전혀 만들어내지 못했기 때문이다. 물론 구조주의 이후에도 철학자는 있었다. 있었던 정도가 아니라 별처럼 많았다. 그러나 각자 전문적이고 좁은 영역의 난해하고 잡다한 이론을 주장했을 뿐, 일대의 바람을 일으키고 세상의 방향성을 바꿀 만한 대철학자는 나타나지 않았다.

그래서 실존주의나 구조주의 같은, 방향성을 확실히 알 수 있는 이름을 붙이지 않고 구조주의 다음이라는 모호한 이름을 붙인 것이다. 현대는 그야말로 이 포스트구조주의의 시대다. 즉 우리는 세상을 지배할 만한 위대한 철학이 없는 시대에 살고 있다. 그래도 여전히 포스트구조주의구조주의 다음라는 말만 들어서는 감이 오지 않으므로 현대의 철학에 억지로라도 'ㅇㅇ주의'라는 이름을 붙여 보자. 구조주의가 끝난 후의 시대, 즉 현대에 출현한 다양한 철학자들의 사상을 굳이 하나로 묶으면, 대개 다음과 같은 철학이 될 것이다.

진리 비판주의

상당히 역설적인 사상이다. 원래 철학이란 사물세계에서 진리본질, 구조를 찾아내는 학문이기 때문이다. 그 진리의 존재를 비판한다는 것은 지금까지의 철학 행위를 모두 부정하는 것과 같다. 그런 의미에서 '진리 비판주의'를 이렇게 바꾸어 말해도 좋을 것이다.

반(反)철학주의

더 이상해졌다. 유구한 철학의 역사를 뒤쫓아 겨우 우리가 사는 시대에 당도해 보니, 현대는 놀랍게도 철학 자체를 부정하는 시대인 것이다. 그런 반철학주의포스트구조주의의 시대를 대표하는 철학자가 데리다다.

반철학의
출현

그런데 왜 반철학진리 비판 같은 사상이 생겨났을까? 단순히 말하면 많은 사람들이 진리를 추구하는 데 염증을 느꼈기 때문이다.

철학사를 통해서도 알 수 있듯이 인류는 아주 먼 과거부터 끊임없이 진리를 추구했다. 진리란 돌이나 산처럼 눈에 보이는 것 이상의 무언가, 예를 들어 절대적인 올바름, 법칙, 구조, 본질, 의미, 가치, 즉 눈에 보이지 않는 무언가를 뜻한다. 인간은 그 같이 눈에 보이지 않는 무언가를 손에 넣으려고 기를 쓰며 살아왔다. 사실 과학도 마찬가지다. 과학은 눈에 보이는 현상을 눈에 보이는 대로 받아들이지 않고 그 이상의 것진리을 추구한 덕분에 여기까지 발전할 수 있었다.

"사과가 떨어졌네."

"귤은 어떻게 떨어질까? 떨어지는 속도는 어떻게 정해질까? 모든 낙하에 공통된 보편적 법칙이 있을까?"

'A가 있다. → A가 있구나.'가 아니라, 'A가 일어난 것에 관해 무언가 보편적인 법칙본질이 숨겨져 있지 않을까?'라고 묻는 행위, 다시 말해 세계에 무언가 미지의 비밀, 보편적 법칙이 있다고 믿고 그것을 찾으려 하는 행위가 학문이다. 철학, 과학뿐만 아니라 모든 학문은 그러한 행위, 즉 눈에 보이는 사물에서 눈에 보이지 않는 진리본질, 법칙를 찾아내려는 노력으로 성립된다.

그러나 유감스럽게도 진리를 추구하는 행위는 실패로 끝나고 말았다. 앞서 말했듯 최신·최강의 철학인 구조주의가 무너졌기 때문이다. 또한, 인류가 문명을 붕괴시킬 만큼 흉포한 무기를 갖게 된 것도 진리 탐구가 종결된 데 큰 영향을 미친 듯하다. 지금의 세계는 진리유일하게 옳은 것, 참 종교, 이상적인 정치사상를 두고 서로 싸우기 시작하면 금세 치명상을 입을 수 있는 상황이다. 흉포한 무기에 의한 전쟁으로 지구는 폐허가 되고 말 것이다.

그러므로 옛날처럼 싸움을 해서라도 자기주장을 관철시키는 방식은 너무 위험하다. 그래서 다음과 같은 온건한 사고방식이 세계지식인들의 주류를 차지하게 되었다.

서로의 입장을 존중하자.
다양성을 중시하자.

이렇게 되면 이미 어려워진 셈이다. 진리를 추구하는 일 자체를 꺼리게 되고 진리에 대한 열정도 식고 만다. 그래도 이편이 진리를 추구하다가 파멸하는 것보다는 낫다. 현대에 소크라테스는 필요 없다. 각국의 대표가 모인 국제회의장에서 갑자기 벌떡 일어나 "진정한 신이란 무엇인지 다함께 논쟁해 보자!"라고 말하는 사람이 있다면 분명 위험인물로 간주되어 퇴장

당할 것이다.

시대가 이렇다 보니, 이제 인류가 할 수 있는 일이라고는 예전처럼 극단적이고 유치한 말을 내뱉을 인간의 등장을 기다리는 것뿐이었다. 그때, 예전이라면 생각도 못할 말을 태연하게 내뱉는 새로운 시대의 철학자가 등장한다.

그렇다면 이제 진리를 추구하는 일 따위는 집어치웁시다.

바로 프랑스령 알제리1830년 프랑스령이 되었다가 1962년 독립의 데리다다. 그는 위와 같은 시대 배경 속에서 출현한 차세대 최신·최강의 철학자다.

데리다의
난해함

참고로 나는 데리다가 어렵다. 그의 책이 죽도록 어렵기 때문이다. 다만 오해를 피하기 위해 말하자면 이것은 나만의 생각이 아니다. '데리다는 곧 난해함, 난해함은 곧 데리다'라고 할 만큼 데리다의 문장은 어렵기로 유명하다. 모든 철학자의 책이 난해하지만 그런 책을 술술 읽는 사람들조차 "데리다는 난해하다."라고 말할 정도다.

그런데 데리다가 난해한 데에는 명확한 이유가 있다. 데리다가 의도적으로 의미를 명확히 드러내지 않는 방식으로 글을 썼기 때문이다. 보통의 저자는 자신의 의도를 독자에게 잘 전달하기 위해 글을 쓰지만, 데리다는 반대로 독자에게 의도를 잘 전하지 않기 위해 글을 썼다. 그렇다면 난해한 것도 당연하다. 데리다가 쓴 문장은 예를 들어 이런 식이다.

'숫자들'은 몇 번인가 자신들을 우회 운동으로 정의한다. 따라서 당신들이 '숫자들'에 대해 말할 수 있었던 언설(言說)이 거기에는 포함되어 있다. 그런 언설의 과잉은 미리 정해져 있으며 예기되어 있었다. 그러므로 '숫자들'은 자신에 의해 자신을 재표기한다. 10은 XI을 포함한다. 그 미완성 = 반과거는 당신들의 전(前) 미래를 넘어선다.

너무 심하다는 생각이 들지 모르겠다. 데리다의 책은 정말로 처음부터 끝까지 이런 식이다. 그래도 그것을 열심히 해독해 보려고 노력하는 사람도 있다. 높은 벽일수록 넘어섰을 때의 성취감이 크기 때문이다. 그런 논리로 말하자면 데리다의 책만큼 도전 정신을 자극하는 교재도 없을 것이다.

그러나 분통 터지게도 데리다는 책 속에서 직접 "이 책은 해독불능입니다."라고 선언했다. 저자 본인이 전달할 생각이 없는데, 애써 읽는다고 뜻을 이해할 수 있을 리가 없다. 데리다의 책에는 분명 큰 철학적 가치가 있지만, 독서 의욕을 꺾는 데에 이만한 책도 없을 것이다.

그렇다면 데리다는 왜 굳이 그런 글을 썼을까? 이유는 데리다가 이런 철학을 주장했기 때문이다.

누군가가 쓴 말에 '진리(유일한 해석, 한 가지 뜻으로 정해진 의미)'가 있다는 것은 오해다. 어떤 말에도 단정할 수 있는 의미란 없다.

무슨 말일까? 어떤 문장에 문법적 오류가 없는 한, 그 문장의 의미는 하나다. 가령 '거기 사과가 있다.'는 문장은 거기에 사과가 있다는 뜻이지 않은가? 그러나 데리다는 그렇지 않다고 말한다. 다음 문장을 보자.

'규칙에 얽매여서는 안 된다.'

이 문장의 의미^{해석}는 무엇일까? 물론 말 그대로 규칙에 얽매여서는 안 된다는 뜻일 것이다. 그러나 이 문장에서 이런 식으로 다른 의미를 끌어낼 수도 있다.

'규칙에 얽매여서는 안 된다.'라는 말을 따르는 것은, 달리 생각하면 '얽매이지 말라'는 규칙에 얽매인다는 뜻이 된다. 그렇기에 '규칙에 얽매여서는 안 된다.'라는 말을 실행하기란 원칙적으로 불가능하다. 이 말은 그런 사실을 은근히 비꼬는 말이다.

즉 이런 뜻이다.

'규칙에 얽매여서는 안 된다.'
(의미 1) 규칙에 얽매여서는 안 된다.
(의미 2) '규칙에 얽매여서는 안 된다.'라는 말은 그 자체가 규칙이 되는 자기모순을 담고 있다. 그렇기에 규칙에 얽매이지 않기란 불가능하다.

자, 어떤가? 같은 문장이지만 전혀 다른 의미를 읽어냈다. 약간 무리한 감도 있지만 무슨 뜻인지는 이해했을 것이다. 단순하고 명확한 말처럼 보여도, 문장의 배후를 읽으면 겉으로 보이는 말과는 정반대의 의미를 찾을 수 있다.

'아무리 보아도 ○○입니다. 정말로 감사했습니다.'

그대로 읽으면 감사의 말이지만, 보는 관점에 따라서는 불쾌감을 주는 말로도 받아들일 수 있다. 그래서 데리다는 이렇게 선언한다.

어떤 문장에서든 그 문장에 반대되는 의미를 추출할 수 있다.

이 주장에 따르면 어떤 문장을 읽고 "이 문장의 의미는 이것이다!"라고 단정하는 사람은 '읽는 행위'를 근본적으로 오해하고 있다. 문장을 읽고 그 의미를 하나로 단정하기란 애초에 불가능하다. 그렇다면 문장을 어떻게 읽어야 할까? 답은 간단하다. 문장의 의미가 하나로 규정되지 않는다면 그 문장을 읽는 올바른 방법이 정해져 있지 않다면 각자 좋을 대로 의미해석을 부여해 읽으면 된다. 단, 그렇게 말하면 이렇게 반박하는 사람이 있을 것이다.

문장이란 누군가 일정한 의도를 가지고 쓴 것이잖아요? 그러면 그 의도대로 읽어야 하지 않을까요?

지당한 의견이다. 여러분도 자신이 쓴 문장을 사람들이 다른 의미로 읽으면 유감스러울 것이다. 그러나 데리다는 그 타당한 의견을 단숨에 기각해 버린다. 그 이유를 아주 간단히 말하자면 이렇다.

문장을 쓴 사람의 의도는 무슨 수를 써도 알 수 없으니까.

가령, 당신이 어떤 문장을 썼는데 그것이 당신의 의도와는 다르게 읽혔다고 하자. 당신은 당연히 이렇게 말하고 싶을 것이다.

난 이 문장을 그런 의도로 쓰지 않았어! 이 문장은 이런 의미라고!

그러나 아무리 해명해도, '이 문장은 이런 의미다.'라는 말 역시 문장에 불과하다. 인간은 자신의 의도와 의미를 타인에게 직접 전달할 수 없기에 결국은 문장의지가 있으면 당장이라도 읽을 수 있는 기호의 나열을 주고받는 수밖에 없다. 때문에 문장은 쓴 사람의 '의도'대로 읽어야 한다는 반론은 실제로는 실천할 수 없는 말이다. 그래서 데리다의 주장은 다음의 두 가지로 요약할 수 있다.

1 우리는 문장의 진짜 의미를 알 수 없다. 문장을 읽고 진짜 의미를 파악할 수 있다는 의미가 하나로 규정된다는 생각은 착각이다.
2 그러므로 누구든 멋대로 '의미해석'를 부여하며 자유롭게 읽으면 된다.

말도 안 되는 소리라고 생각할지도 모르지만, 앞에서 설명한 구조주의의 쇠퇴를 떠올려 보면 이런 주장을 하는 철학자데리다가 왜 등장했는지도 이해할 수 있다. 문장을 '사물'로, 의미를 '구조'로 바꿔 읽어 보자. 그러면 데리다의 주장은 고스란히 구조주의의 파탄에 대한 하나의 해답이 된다.

사물을 나열해도 진짜 구조(본질)를 알 수 없다. 애당초 그런 구조(본질)가 사물에 숨겨져 있고 그것을 추출할 수 있다는 생각 자체가 착각이다. 그러므로 이제 개인이 제멋대로 구조든 본질이든 자유롭게 추출하면 된다. 그냥 쉽게 가자!

이처럼 유명한 데리다도 어느 날 갑자기 출현한 천재가 아니라, 전 시대의 철학상식의 붕괴에 의해, 즉 시대의 요청에 의해 등장한 철학자새로운 가치를 제시하는 자라고 할 수 있다.

참고로 이어 말하자면, 데리다의 책이 난해하다는 일반의 평가는 사실 오해다. 데리다 역시 "나를 난해하다고 비난하는 사람들은 내 책을 제대로 읽지 않았을 뿐이다."라고 말한 바 있다. 사실 '책이 난해하다.'라는 말은 그 책의 문장이 너무 복잡해 저자가 의도한 의미를 읽어낼 수 없거나 혹은 읽어내기 어려울 때 쓰는 말이다. 그런 의미에서 데리다의 책을 '난해하다의도를 읽어낼 수 없다'고 불평하는 것은 빗나간 감상이다. 데리다의 책은 애초에 저자의 의도를 전달할 목적으로 쓰인 것이 아니기 때문이다. 그의 책은 독자가 자유롭게 의미를 부여하며 읽어야 하는 책이다. 그렇기에 데리다의 책에 대해서는 '난해'하다는 평가가 성립되지 않는다.

탈구축이란
무엇인가

그리하여 데리다의 철학 고정적인 진리가 있다는 오해를 버려라은 현대인, 즉 구조주의에 실망한 사람들, 진리를 에워싼 논쟁에 질린 사람들의 마음을 사로잡아 시대를 대표하는 철학 반철학의 기수으로 부상했다. 이 철학은 일반적으로는 '탈구축 脫構築, Deconstruction'이라는 용어로 잘 알려져 있다. 탈구축은 현대 철학의 대명사로 불릴 만큼 유명한 철학 용어지만, 일반적으로는 그리 친숙하지 않은 단어이므로 쉽게 풀어 살펴보자.

학계의 거만한 노인들이 건축물처럼 조밀한 이론을 구축하려 하지만 그런 철학에는 이미 질렸다. 그런 구축의 조류에서 탈출하자!

즉 탈구축은 '구축에는 이미 질렸으니 이제 거기서 탈출하자!'라는 구호와도 같다. 그러므로 '탈구축'이라는 번역어를 만든 사람은 애초에 원어를 이렇게 번역했어야 하는지도 모른다.

구축 탈출!

대부분의 구호가 그렇듯이, 구호 자체에 특별히 새롭거나 큰 의미는 없다. '구축 반대!'라는 구호에 별 의미가 없듯, '구축 탈출!'이라는 구호에도 그리 특별한 뜻이 담긴 것은 아니라는 말이다. 그런데도 '구축에서 탈출하자!'는 단순한 말이 전 세계에 널리 퍼져 많은 사람들의 지지를 받은 이유는 무엇일까? 답은 간단하다. 이 말구호에는 기존의 학문권위에 정면으로 도전하겠다는 의도가 담겨 있었으며 사람들이 그것에서 통쾌함을 느꼈기 때문이다. 원래 학문이란 장인전문가들이 '강력한 이론'을 구축하기 위해 맹렬히 분투하는 행위다. 불면 날아갈 듯 부실한 이론을 만들어 봤자 소용이 없으므로 강력한 이론을 구축하기 위해 장인들이 노력하는 것은 당연하다.

어떤 반론과 회의에도 견딜 수 있는, 책잡을 곳이 없는 유일·보편의 이론

그러나 데리다는 그들에게 반대하여 '구축 반대! 구축 탈출!'이라고 외친다. 완벽하고 책잡을 곳 없는 이론, 유일·보편의 이론 따위는 결코 만들 수가 없기 때문이다. 애당초 사물에 관한 이론해석은 결코 고정적이지 않다. 관점을 살짝 바꾸어 읽기만 해도 천차만별의 다양한 이론이 나올 수 있고, 그 이론들 중 무엇이 옳은 것인지는 판단할 수 없다.

그러나 실제로는 어떤 학문에든 정설확실히 옳다고 여겨지는 이론이 존재한다. 예를 들어 '이 고전적 명저는 이렇게 해석하는 것이 정설이다.'라거나 'ㅇㅇ 현상은 이런 이론으로 설명된다.'라는 식이다. 왜일까? 데리다에 의하면, 그것은 단순히 그 좁은 분야에서 가장 권위 있는 누군가가 제멋대로 나서서 "이것이야말로 옳은 이론이다! 반론은 허용되지 않는다!"라며 권력을 과시한 결과 우연히 이겼기 때문이다.

그 권위자의 마음도 이해는 간다. 그는 햇병아리 때부터 그 분야에서 수십 년간 종사했고, 마침내 'ㅇㅇ 현상'을 설명할 수 있는 '△△ 이론'을 구축

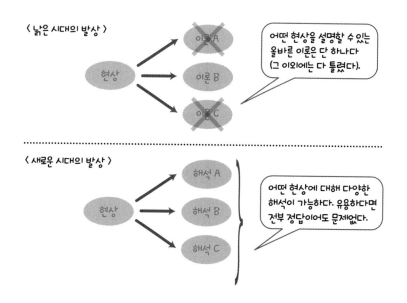

한 것이다. 반례가 될 만한 실험 결과나 관측 데이터가 나오지 않는 이상, 이렇게 주장하고 싶은 것도 당연하다.

이것이야말로 ○○ 현상을 올바르게 설명할 수 있는 유일한 이론이다!

적어도 풋내기가 "○○ 현상은 제가 고안한 ×× 이론으로도 설명할 수 있습니다!"라고 주장한다고 해서 그것을 쉽사리 인정할 수는 없을 것이다. 그런 새로운 이론은, 학회에서 이미 정당하다고 인정한 '내 △△ 이론정설'의 미비점과 반대 증거가 확인된 후에야 신중히 받아들일 수 있다.

그러나 데리다는 그것을 케케묵은 발상이라고 말한다. 즉 '어떤 현상을 설명하는 정당한 이론은 오직 하나다.'라는 생각은 편협한 선입관에 불과하며, 젊은 후진의 유연한 발상을 가로막는 낡아빠진 사고방식이라는 것이다. 요컨대 강력한 이론을 구축한 뒤 그 창시자로서 사뭇 거만하게 행동하는 대ㅊ학자들을 공격한 셈인데, 이것은 당연히 제삼자에게는 통쾌한 일이었다. 사람들은 '좋았어, 더 해라, 더 해.'라고 내심 생각했을 것이다.

그래서 데리다가 내건 다음의 구호에 자극받은 젊은이들은 그때까지 단단하게 고착되어 있던 학술 세계에 한바탕 새바람을 일으키기 시작했다.

구축 탈출! (유일·보편의 올바른 이론이나 해석 따위는 없으므로, 관점을 전환해 새로운 이론과 해석을 적극적으로 창출함으로써 이론과 해석이 견고하게 구축되는 것을 막자!)

지知의
테러리스트

이런 현상은 특히 문예 비평문학 연구 분야에서 활발히 일어났다. 그때까지 문예 비평 분야에는 견고한 정설이 많았고 그와 다른 해석은 결코 허용되지 않았다.

예를 들어, 여기에 '순정의 아름다움을 노래한 역사적 명저'가 있다고 하자. 이처럼 위대한 명저는 대개 이미 소설이라기보다는 연구 대상이 되어 있기 마련이다. 즉 그 작품을 쓴 작가의 성장 이력, 친구 관계, 당시 사회 상황, 심지어는 사적인 편지 내용에 이르기까지 학자들이 전부 파헤쳐 놓았을 것이다. 그 후로 작가의 문장은 그러한 연구 성과에 기초하여 읽히게 된다. 가령 '이 장면의 이 대사는 저자의 당시 상황과 겹쳐 보면 이렇게 해석된다'는 식이다. 이런 방식으로 명저에 관한 수많은 연구 결과^{방대한 자료}가 축적되면 젊은이들은 그 작품에 대한 비평^{해석}을 쉽게 내놓을 수 없다. 기존의 연구 결과와 다른 내용을 썼다가는 대단한 스승들에게 연구를 제대로 하지 않았다고 혹평을 듣기 때문이다.

"자네의 관점은 얕고 불완전해. 자네는 당시의 사회와 문화를 좀 더 공부할 필요가 있어. 그걸 알면 그 장면을 그렇게 해석할 수 없을 거야. 우선 이 책과 이 책, 그리고 최신 연구 성과가 기록된 저 책을 읽도록 해."

어설픈 비평을 썼다가는 이처럼 자신이 쓴 책보다 더 두꺼운 문헌을 몇 권이나 받고 처음부터 다시 공부할 것을 강요받을 수 있다. 그러나 데리다의 구호인 '구축 탈출'에 용기를 얻은 젊은이들은 특별했다. 해석의 강요라며 그 대단한 스승의 충고를 거부한 것이다.

"해석에 다양한 방법이 있어도 괜찮지 않습니까? 선생님의 해석도 다양한 해석 중 하나일 뿐, 정말로 맞는지 어떤지도 모르는 것이지요. 선생님도 저와 같이 데리다를 공부하는 게 어떠십니까?"

이렇게 문예 비평 분야에 혁명이 일어났고, 그때까지 면밀한 연구에 의해 해석법이 고정되어 있었던 '순정의 아름다움을 노래한 역사적 명저'에 대한 새로운 해석이 속속 등장한다.

"이 책은 순정의 고귀함을 강조하기 위해 작품 속에서 불륜을 몇 번이나 비난한다. 그러나 그렇게까지 심하게 비난하는 것은 불륜이 그만큼 매력적이기 때문이다. 불륜이 하찮거나 시시하다면 굳이 그렇게까지 비난하지 않았을 것이다. 따라서 이 책은 어떤 면에서 불륜의 저항하기 힘든 매력을 표현한 책이다!"

"이 책은 순정을 찬미하고 불륜을 비난했잖아. 그런데 상대가 우연히 기억을 상실했지만 원래는 결혼한 사람이라면 어떻게 하지? 그런 외부 요인으로 연애를 그만둘 수 있다면 그건 순정이나 진짜 사랑이 아니잖아. 그러니까 이 책은 순정에 대한 책이라고 할 수 없어!"

이처럼 새로운 해석이 차례차례 등장하는 것이다. 참고로 탈구축에 관해 데리다가 권장하는 방식은 이렇다.

1 텍스트의 내부에서 비판하라

여기서 텍스트란 단순히 문장을 말한다. 즉 어떤 문장텍스트을 비판할 때 전혀 다른 문장을 가져와 '외부'에서부터 비판하지 말고 "과연, 당신의 문장은 옳다. 그러므로 당신의 문장을 있는 그대로 읽으면 이렇게 된다."라며 '같은 편'인 척을 한 다음 전혀 다른 결론을 도출하라는 것이다.

2 텍스트의 전제가 되는 대립 구도를 찾아내서 해체하라

어떤 문장주장이든 반드시 대립 구도이항 대립를 포함하고 있다. 대립 구도란 선·악, 생·사와 같은 상반된 관계성을 말한다. 예를 들어 순정을 찬미하는 문장에는 '순정선 ↔ 순정 이외의 사랑악'이라는 대립 구도가 전제믿음되어 있다. 이 전제를 찾아내 해체반대의 의미를 끄집어내서 원래의 주장을 파괴함으로써 새로운 해석을 만들어내라는 것이다. 구체적인 해체의 사례로, 앞에서 등장한 새로운 해석인 '순정의 아름다움을 노래하는 역사적 명저는 사실상 불륜의 매력을 표현하고 있다.' 등을 들 수 있다.

탈구축의 구체적인 방식은 위와 같은데, 이 방식을 좀 더 분명히 이해하기 위해 탈구축에 관한 데리다의 말을 인용해 보겠다.

저 철학자의 길을 탐색하여 그의 술책을 이해하고, 그의 간특한 지식과 논쟁하며 그의 패를 조작하며, 그에게 그 책략을 전개시키고, 그의 텍스트를 우리 것으로 만들어야 한다. (자크 데리다 《글쓰기와 차이》 1967년)

요컨대 약간 치사한 느낌이 들지만, 문장 해석의 모호함의미가 한 가지로 한정되지 않음이라는 결점을 역이용하는 영리한 방식이다. 여기서 잠시 다음 쪽의 그림을 살펴보자. 이는 헤겔의 변증법이라는 형태로 옛날부터 활용되었던 논의 방식이다. 하지만 현대에 이런 식으로 상대편 문장주장의 미비함을 지적하고 "너는 틀렸다. 진짜 옳은 문장주장은 이것이다!"라고 상대를 격파해 더 높은 곳으로 올라가려다 보면 결국은 지구 규모의 핵전쟁이 일어나 인류가 멸망하고 말 것이다.

〈 과거의 논쟁(변증법) 〉

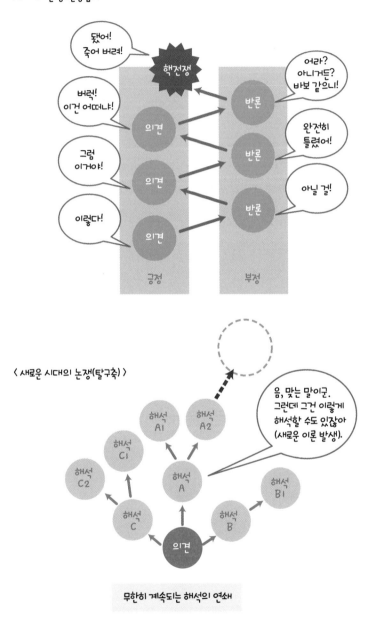

무한히 계속되는 해석의 연쇄

제5장 | 포스트구조주의 철학

왼쪽 아래의 그림은 탈구축을 나타낸다. 변증법과는 달리 대립을 피하고 같은 편인 척하면서 조금씩 다른 의미를 도출하는 방식으로 논의를 확장하는 모습인데, 진리 때문에 싸움을 벌였다가는 멸망하게 될 현대인에게 가장 적합한 진리 추구 방식이다. 그러나 유감스럽게도 이 탈구축의 진정한 이념 서로 죽이지 않으면서 이론을 계속 만들어내자 은 데리다의 의도와는 달리 대중에게 거의 전파되지 않았다. 사람들이 탈구축이라는 새로운 개념에 매료되어 그에 적극적으로 나선 것은 그것이 단순히 기분 좋았기 때문이다.

"전제가 되는 대립 구도(이항 대립)를 해체해서 논의 자체를 붕괴시키다니, 너무 통쾌해!"

"지금까지 대단하다고 떠들어 대던 정설과 반대되는 이야기를 하는 게 정말 속 시원해!"

참고로 이 탈구축이라는 사고방식은 하이데거 Martin Heidegger 1889~1976 가 사용한 '해체 디스트럭션, Destruction' 라는 용어에서 유래했다. 그러나 데리다는 그 용어가 파괴적이고 부정적인 어감이 강하다는 이유로 조금이라도 긍정적으로 느껴지는 '탈구축 디컨스트럭션, Deconstruction = 구축을 벗어남' 을 선택했다 (현재 탈구축, 해체 둘 다로 번역된다). 즉 데리다는 사람들이 부디 논의를 파괴하는 데에만 탈구축이라는 수법을 쓰지 않기를 바라며 세상에 탈구축의 개념을 내놓은 것이다.

그러나 실제로는 그와 반대로 탈구축이라는 말만이 진정한 의미와 관계없이 세상에 전파되었다. 그 결과, 고층 건물이 죽 늘어선 곳만 보이면 사람들이 몰려들어 탈구축을 외치는 사태가 발생했다. 그들은 왜 그런 행동을 했을까? 탈구축이 훌륭한 개념이기 때문이었을까? 아니, 앞서 말했듯 그것이 단순히 통쾌했기 때문이다.

"데리다 선생님의 탈구축을 면죄부 삼아 사람들의 논의를 멋대로 깨부수는 건 정말 기분 좋은 일이야!"

결국 데리다는 그런 파괴 선풍의 주모자로 지목받으며 본의 아니게 '지知의 테러리스트'로 불리게 되었다. 그래서 케임브리지 대학에서 데리다에게 명예박사 학위를 수여할 때 저명한 교수들이 한꺼번에 학위 수여에 반대하는 서명을 하는 소동까지 일어났다.

이 같은 오해를 포함해, 데리다의 인생은 불운했다고 말할 수밖에 없다. 그러나 그는 현대인에게 새로운 사고방식을 제시하기 위해 최선을 다한 진정한 철학자였다. 게다가 자신의 철학을 끝까지 고수하며, 오해를 풀기 위해 쉬운 책을 단 한 권도 쓰지 않았다.

보드리야르

Jean Baudrillard 1929~2007

지금의 사회야말로
최후의 사회이며 막다른 골목이다

'나의 욕망이 타인의 욕망을 낳는 시스템'
어느 누구도 기호 소비 사회에서 벗어날 수 없다.
기호 생산의 고리는 무한히 이어질 것이다.

＊＊＊

앞서 말했듯 데리다의 철학은 진리를 파괴하라고 권하는 것처럼 받아들여졌고, 결국 데리다의 생각과는 다르게 진리 비판주의, 반철학주의의 경향이 현대를 지배하기 시작했다. 이처럼 진리유일·보편의 옳은 것를 부정하고 진리 추구를 거부하는 시대는 앞으로 어디를 향해 나아갈까?

지금까지의 인류 역사를 돌아보면, 'ㅇㅇ주의'가 유행한 다음에는 반드시 그 'ㅇㅇ주의상식'에 질린 사람들이 그것을 부정하는 'ㅁㅁ주의'를 만들어냈다. 그리고 그 'ㅁㅁ주의'가 새로운 시대의 주류를 이루는 역사가 되풀이되었다. 그렇다면 이번에도 현대 철학진리 비판주의, 반철학주의에 질린 사람들이 전혀 정반대의 시대를 열어가지 않을까(가령 진리와 철학을 찬미하는 시대 등)? 그러나 다음과 같이 '철학사의 종결'을 단호하게 선언한 사람이 등장한다.

그런 일은 일어나지 않습니다! 이제 새로운 사상을 앞세운 시대는 오지 않습니다!

프랑스의 철학자 보드리야르다.

무너지지 않는
자본주의 사회

보드리야르는 먼저 자본주의 사회_{현대 사회}는 결코 무너지지 않는 자기 완결적 시스템이라고 주장했다.

우리의 시대(현대)는 이제 새로운 시대(다른 사상이 주류가 되는 새로운 사회)를 만들어낼 수 없다. 사실상 우리가 지금 살고 있는 이 사회야말로 최후의 사회이며, 막다른 골목이다.

보드리야르는 과연 무슨 근거로 이처럼 충격적인 주장을 했을까? 왜 자본주의 사회가 무너지지 않는다는 것일까? 얼마 전만 해도 철학자들은 "자본주의 사회는 자본가와 노동자의 격차가 점점 벌어지면서 반드시 무너질 사회 시스템이다."라고 하지 않았나. 그리고 그 주장을 믿은 많은 사람이 "그러면 자본주의 사회를 빨리 포기하자."라며 공산주의 혁명에 몸을 던지지 않았는가. 왜 이제 와 갑자기 자본주의 사회는 무너지지 않는다고 말하는 것일까?

보드리야르가 주장하는 '자본주의 사회가 무너지지 않는 이유'를 단적으로 표현하면 이렇다.

자본주의 사회는 이미 '생산시대'를 마치고 '소비시대'로 들어섰다. 게다가 지금은 기호를 소비하는 시대이므로 자본주의 사회는 무너지지 않는다.

일단 생산시대를 마치고 소비시대로 들어섰다는 부분은 어렵지 않게 이해했을 것이다. 누구나 실감하듯 우리는 이미 생활필수품을 필사적으로 생산하는 시대가 아니라, 경제를 원활하게 돌리기 위해 신상품을 계속 만들어내서 펑펑 소비하게 만드는 소비의 시대쓰고 버리기를 권하는 시대에 살고 있다. 그런데 다음에 이어지는 '기호를 소비한다'는 말은 어떤 뜻일까?

기호란 간단히 말해 상대에게 '일정한 이미지를 환기하기 위해 만들어진 형상도형, 표식'이다. 따라서 '사과'라는 문자의 형태혹은 '사', '과'라는 음성의 파형, 혹은 변형된 사과의 형상는 상대에게 사과의 이미지를 환기시킬 목적으로 만들어진 기호라 할 수 있다.

기호의 의미는 그렇다 치고, 그 기호를 (경제적으로) 소비한다는 것은 어떤 뜻일까? 우리는 돈으로 물건을 사서 소비한 기억만 있지 기호를 사서 소비한 기억은 없지 않은가? 하지만 사실은 그렇지 않다. 우리는 알든 모르든 실제로 기호를 사들이고 있다. 그래도 '기호를 구입한다'는 말이 잘 이해되지 않는다면 좀 더 친근한 기호인 '브랜드'를 예로 들어 보자.

이미지를
소비하다

예를 들어 우리는 옷과 가방을 선택하는 기준으로 '브랜드'를 활용한다. 그러나 이 브랜드에는 뚜렷한 실체가 없다. 만약 X라는 유명 브랜드의 가방이 있다고 해도, 그 가방은 다른 가방과 기능적으로 큰 차이가 없을 것이다. 그런데도 그 브랜드의 가방에는 대개 높은 가격이 매겨진다. 심지어 다른 가방의 40배에 달하는 가격이 책정되기도 한다. 과연 왜 일까?

물론 브랜드의 가방이 다른 가방보다 튼튼하다, 편하다 등의 우수한 면이 있는 것도 사실이다. 그러나 그것은 기껏해야 2배, 3배 정도의 차이일 뿐이다. 적어도 기능도구적 가치으로만 보면 40배 이상의 가치가 매겨지는 것은 아무리 생각해도 이상하다(40배 튼튼한 것도, 40배 편한 것도 아닌데). 다른 가방과 그다지 큰 차이가 없음에도 브랜드 가방에 40배 이상이라는 가치 설정이 허용되는 이유는 무엇일까?

그것은 브랜드가 고급, 특별, 희귀라는 이미지를 소유자에게 부여하기 때문이다. 그러므로 사람들은 40배 이상의 돈을 지불해서라도 브랜드 가방을 산다. 그러나 거기에는 가방이라는 도구기능에 돈을 지불한다기보다 '고급, 특별, 희귀한 이미지를 부여하는 기호브랜드에 돈을 지불한다'는 표현이 정확할 것이다.

여러분은 이 브랜드 이야기를 통해 무언가 깨달은 것이 있는가? 즉 보드리야르가 말한 기호를 소비하는 시대란 다음을 의미한다.

물건의 도구적 가치에 돈을 지불하는 것이 아니라, 브랜드로 대표되는 '고급스러움, 특별함 등의 기분 좋은 이미지를 부여하는 물건 및 서비스(기호)'에 돈을 지불하여 소비하는 시대

그런데 이 같은 기호이미지를 부여해 주는 물건를 소비하는 사회가 무너지지 않는 이유는 무엇일까? 답부터 말하자면, 소비되는 기호에는 실체가 없으므로

무한한 생산이 가능하기 때문이다. 중요한 부분이므로 이제부터 하나하나 짚어가며 알아보자.

기호 소비 시대의 도래

우선 전제로, 사회를 구성하는 우리 인간을 '욕망이 있는 생물'로 정의해 보자. 가장 기본적인 욕망은 배가 고프니 밥을 먹고 싶다거나 추우니 옷을 입고 싶다는 등의 일차적 욕망이다. 인간을 비롯한 모든 생물은 이런 욕망을 채우기 위해 활동한다.

그런데 다행인지 불행인지, 지금은 과학과 기술이 월등히 향상되어 대다수의 사람들이 생물적인 욕망을 충족하게 되었다. 다시 말해 먹는 것도, 입는 것도 간단히 손에 넣을 수 있는 시대다. 그렇게 되면 '욕망이 있는 생물'은 당연히 다음 순서로 이러한 욕망을 갖게 된다.

더 맛있는 것을 먹고 싶다. 더 멋진 옷을 입고 싶다.

이미 얻은 것보다 '더 좋은 것'을 찾는 것이다. 냉장고를 생각해 보자. 냉장고는 언제든 시원한 음료를 마시고 싶고 신선한 음식을 먹고 싶다는 생물적 욕망을 채워 주는 편리한 도구다. 이러한 냉장고를 일단 소유하고 나면 냉장고를 갖고 싶다는 욕망은 충족된다. 그러면 욕망은 더 좋은, 더 멋진 냉장고를 갖고 싶다는 형태로 변화할 수밖에 없는데, 사실 그 욕망은 채

워지기 어렵다. 우리가 '더 좋은 냉장고'를 구체적으로 떠올릴 수 없기 때문이다. '이것보다 더 좋은 냉장고'라고는 하지만 계속적으로 그런 것을 만들 방법도 모른다.

그때 등장하는 것이 기호_{이미지를 부여하는} 것이다. '더 좋은 냉장고'는 보거나 만질 수 있는 실체지만, 기호에는 실체가 없다. 따라서 마음만 내키면 얼마든지 만들어낼 수 있다.

> '20XX년 최신식 냉장고! (솔직히 말해 필요 없을 듯한) 음이온 살균, 제균 등 최신 기능이 가득!'
> '유명 브랜드 X의 디자인과 콜라보레이션해 출시한 한정 모델! 올해는 세련되고 고급스러운 블랙으로!'

예전의 냉장고에 비해 본질적으로 진화한 냉장고를 만들기는 어렵지만, 약간의 기능을 추가하거나 외형을 바꾼 다음 '작년 것보다 좋음, 유행, 고급'라는 기호를 붙이면 얼마든지 신상품을 만들어낼 수 있다. 냉장고, 세탁기, 자동차, 옷 등 모든 물건이 더는 본질적으로 진화할 수 없게 될지라도_{완전히 개선될지라도}, 지금 우리 사회는 '사고 싶어지게 만드는 기호_{실체 없는 표식}'를 붙인 상품을 속속 생산해 소비자의 구매 욕구를 자극함으로써 경제를 촉진할 수 있다. 그리고 실제로 그 같은 활동이 이루어지고 있다.

여기서 잠깐 다음 쪽의 그림을 보자. 이것은 과거의 경제활동을 단순화한 것이다.

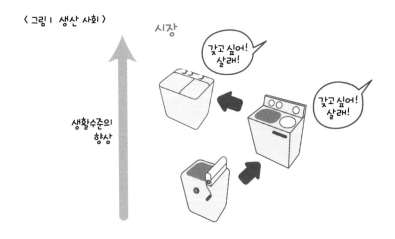

< 그림1 생산 사회 >

시장

생활수준의 향상

갖고 싶어! 살래!

갖고 싶어! 살래!

말하자면 새로운 상품이 생산될 때마다 사람들이 그것을 사러 몰려드는 모습이다. 이 경제활동은 단순히 경제를 활성화할 뿐만 아니라 생산되는 상품의 질을 점점 향상시키는 것이 큰 장점이므로, 이 그림에 따라 인간은 무한히 풍요한 생활을 누릴 수 있을 듯하다.

그러나 현실은 그렇지 않다. 더 좋은 상품을 만들어내는 데에는 한계가 있기 때문이다. 그러면 어떻게 해야 할까? 일반적인 생각으로는, 더 좋은 상품새로운 상품을 만들 수 없다면 작년과 똑같은 것을 만들면 된다. 그러나 그러다 보면 경제가 무너지고 만다. 똑같은 상품이 생산될 경우, 전에 산 상품이 망가지지 않는 한 새로운 상품을 살 이유가 없다. 똑같은 물건이므로 당연하다. 그 결과 상품을 사는 사람이 적어져소비가 저하되어 상품을 만드는 기업에 돈이 들어오지 않게 된다. 그러면 기업은 당연히 고용을 줄일 텐데, 그러면 돈을 전혀 벌지 못하는 실업자상품을 살 수 없는 사람가 늘어난다. 그렇게 악순환이 시작된다.

제5장 | 포스트구조주의 철학

물건이 팔리지 않으므로 사람을 고용하지 않는다. ➡ 사람을 고용하지 않으므로 실업자가 늘어난다. ➡ 실업자가 늘어나므로 물건이 팔리지 않는다. ➡ 물건이 팔리지 않으므로…….

이런 악순환에 의해 실업자는 점점 늘어나고, 결국은 경제활동이 멈추고 만다. 다시 말해 더 좋은 상품을 계속 만들어내는 방식으로는 상품 개발이 언젠가 한계에 달하므로 경제가 무너진다는 이야기인데, 다행히 우리 경제는 아직 무너지지 않았다. 더 좋은 상품을 만드는 일에 우리 사회가 이미 한계에 도달했음에도 적어도 지금까지는 경제가 무너질 정도의 악순환이 일어나지 않았고, 실업자가 급격히 늘어나는 사태도 생기지 않았다.

왜일까? 그 답으로 보드리야르는 새로운 그림을 보여 준다. 다음 쪽 그림 2를 보자. 사실 우리가 사는 사회자본주의 사회의 시스템은 예전에는 그림 1의 생산 사회와 같아서 무너질 가능성이 컸지만, 지금은 그림 2의 기호 소비 사회로 바뀌었기 때문에 붕괴를 면했다고 보드리야르는 말한다.

그림 2는 다음과 같은 경제 시스템을 대변한다. 우선 최초로, '사고 싶다!'라고 생각하게 만드는 기호가 붙은 상품가령 브랜드, 한정품, 30% 할인, '미국 전역이 선택했다'는 등의 홍보 문구가 붙은 상품이 생산된다. 그것이 우리의 욕망을 자극해, 모두들 그것을 사기 위해 몰려든다. 그리고 그것이 다 팔리면 다른 기호가 붙은 상품이 생산된다. 그러면 또 그것을 사기 위해 모두 몰려든다. 그렇게 한참 지나면 또 다른 기호 붙은 상품이 생산되어 또 모두가……. 이런 일이 반복된다.

〈 그림 2 기호 소비 사회 〉

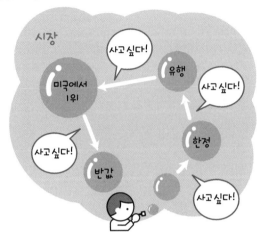

즉 잇달아 생산되는 기호브랜드, 욕망을 자극하는 무언가를 향하여 모두가 몰려들게 만드는 경제 시스템인데, 여기서 가장 중요한 점은 기호에는 실체가 없으므로 얼마든지 만들어낼 수 있다는 것이다. 이것은 이 경제 시스템이 무너지지 않고정지하지 않고 무한히, 영원히 지속된다는 뜻이다.

잠시 다른 예를 들어 보자. 한 초등학교 운동장에 시간이 남아도는 초등학생들이 모여 있다. 그 아이들은 심심해하며 '무언가에 열중하여 만족감을 얻고 싶다.'라는 욕망을 느꼈고, 교사는 그런 아이들의 시간 소비를 위해 아이디어 하나를 냈다. 그리고 이렇게 말했다.

"저길 봐! 빨간 깃발이 보이지? 저기가 결승점이야. 자, 누가 일등으로 도착할까?"

　　　　　　　　　　제5장 | 포스트구조주의 철학

그 말에 흥분한 초등학생들은 일제히 "와아!"하고 외치며 전력으로 질주한다. 그리고 "야, 내가 일등이야!", "아, 졌어."라며 기뻐하거나 실망하면서 시간을 소비한다. 그리고 그러는 사이에 교사는 더 먼 곳에 새로운 깃발을 세운다.

"여기 봐! 이번에는 파란 깃발이야. 아까랑은 다르지? 희귀한 깃발이거든."

그러면 초등학생들은 또다시 흥분하여 "와아!"하고 전력으로 질주한다. 그러는 사이 교사는 또 다른 곳에 새로운 깃발을……. 이런 식으로 교사는 학생들의 무료함을 해소하고 그들이 졸업할 때까지 즐겁게 열중할 수 있는 게임을 제공하는 데 성공한다.

자, 어떤가? 이미 눈치챘겠지만, 허울뿐인 깃발을 세우고 아이들을 그곳으로 달리게 했을 뿐이므로 당연히 교사는 이 놀이를 무한히 지속할 수 있다. 물론 '무한히 지속할 수 있다.'라는 말은 과장이 지나치다고 생각하는 사람이 있을지 모른다. 이런 일을 계속 반복하면 아무리 초등학생이라도 질릴 것이고, 이 뻔한 장치를 알아채는 아이도 생길 것이라고.

하지만 그런 걱정은 하지 않아도 된다. 그들이 질리거나 장치의 정체를 알아챌 즈음에는 벌써 졸업해 학교세상를 떠났을 테니 말이다. 그리고 새로운 아이들이 입학해 운동장을 메우고 똑같이 "와아!"하고 뛰어다니는 놀이를 시작할 것이다. 결국 몇 년이 지나든 관계없이 운동장에서는 똑같은 풍경, 똑같은 게임이 영원히 반복될 수 있다.

물론 이 초등학교 운동장 이야기는 보드리야르의 기호 소비 사회를 빗

댄 것이다. 결국 우리가 사는 현대 사회 역시 이런 느낌의 '실체 없는 놀이_{어디에도 닿을 수 없는, 그저 시간을 소비하기 위한 게임}'가 아닐까? 즉 보드리야르가 '기호 소비'라는 말로 전하려 했던 바는 결국 다음과 같다.

1 우리는 실체가 없고 허울뿐인 기호_{고급감, 이득감, 욕망을 자극하는 이미지를 만들어내는 무언가}가 붙은 상품을 무한히 만들어낼 수 있다.

2 그러나 그것은 어차피 허울뿐인 상품이므로 아무리 만들어 봤자_{경제를 활성화할 뿐} 사회는 지금 그대로이며 어떤 미래에도 도달할 수 없다.

3 게다가 이런 경제활동의 식상함, 이상함을 알아채기 전에 인간은 세상을 떠난다. 그러므로 같은 경제활동이 영원히 반복되며, 사회는 변하지 않는다.

이 말은 좀 더 심술궂게 말하면 이렇게 바꿀 수 있다.

우리들은 잇달아 생산되는, 실체도 없고 허울뿐인 기호(깃발)에 조종당해서 사회(운동장)라는 작은 틀 안을 죽을 때까지 뛰어다닐 뿐이야. 그리고 그런 광경은 영원히 계속되지. 너희들은 이제 벗어날 수 없어!

기호를 향한
무한 고리

그러나 기호 소비 사회가 그런 무의미한 일이 반복되는 시스템이라면, 그 기호를 만들어내는 누군가를 없애 버리면 되지 않을까? '실체 없는 기호를 제공하는 사람^{배후}'을 없애면 이 무한한 반복을 멈출 수 있을 것이다.

하지만 그것은 불가능하다. 그 기호를 만들어내는 사람은 다름 아닌 우리 자신이기 때문이다. 잠시만 생각해 보면 알 수 있다. 우리는 어떤 기호에 흥미가 생기면 그것을 갖기 위해 돈을 버는데, 그것은 달리 말해 당신^{혹은} _{당신의 부모}이 기호 소비 사회 속에서 일을 한다는 것이다.

'기호 소비 사회 속에서 일한다'는 것은 이른바 '기호를 만들어낸다'는 것이다. 가령, 당신이 기호 A를 갖고 싶어서 어떤 회사에서 일을 하고 돈을 번다고 하자. 그러나 그 회사에서 일한다는 것은 결국 새로운 기호 B의 생산에 일조한다는 뜻이다. 그러면 이번에는 그 기호 B를 사고 싶은 사람이 돈을 벌기 위해 새로운 기호 C를 만들어낸다. 그리고 그 기호 C를 사고 싶은 사람은 기호 D를 만들어낸다. 이런 식으로 '기호 생산의 연쇄'가 발생하는 것이다. 이 연쇄는 분명 돌고 돌아, 결국은 당신에게로 돌아올 것이다.

물론 이것은 단순화된 이야기이고 현실은 훨씬 복잡하지만 원리는 같다. 다시 말해 '(나의) 욕망이 (타인의) 욕망을 낳는 시스템'으로, 기호 생산의 고리는 무한히 이어진다. 참고로 이 이야기를 앞의 '초등학교 운동장'에 비유하면, 아이들 스스로가 허울뿐인 깃발을 세우는 상황이라 할 수 있다.

보드리야르

즉 '타인의 깃발을 얻으려면 스스로 매력적인 깃발을 세워 사람을 많이 모아야 한다.'라는 규칙을 추가해 게임을 하고 있는 셈이다.

"물구나무 선 기린이 그려진 깃발이야. 새로 만들었어!"
"와아! 갖고 싶어!"
"메탈릭 패턴의 깃발을 새로 만들었어. 이건 메탈릭 시리즈 최신판이야!"
"와아! 갖고 싶어!"

타인의 매력적인 깃발을 얻기 위해서는 스스로도 필사적으로 깃발을 만들어 친구들을 모아야 한다는 '자기 완결성이 있는 완벽한 구조'다. 일단 게임이 시작되면, 이미 특정한 누군가가 아닌 전체가 깃발을 만들고 있으므로 도저히 게임을 멈출 수 없다. 어떻게든 멈추어야 한다면 운동장을 통째로 폭파하는 수밖에 없다.

기호를 추구하는 과정 안에 새로운 기호를 낳는 과정(노동)이 포함되므로,
기호는 무한히 생산되며 기호 소비 사회는 끝없이 지속된다.

지금까지 말한 것을 요약하자면 이와 같다. 그런데 여기에는 다음의 반론이 나올 수 있을 듯하다.

아니야, 인간은 그렇게 멍청하지 않아. 언젠가 그런 경제활동(기호 생산)에 혐오감을 느낀 사람이 나타나 사회를 개혁하려 할 거야. 역사는 실제로

그렇게 발전해 왔어.

과연 희망적이고 긍정적인 반론이다. 즉,

그러다 보면 혁명 같은 게 일어나지 않을까?

라는 의견인데, 과거의 역사는 확실히 그렇게 발전해 왔다. 왕에 의한 전제 정치가 시민에 의한 민주 정치로 바뀐 것이 대표적이다. 왕이 모두를 지배하는 것이 상식이었던 사회에서 그 체제를 거부하는 사람들이 나타나 반사회적 활동혁명을 했기 때문이다.

그리고 지금 우리 사회에도 반사회적 활동을 하는 사람이 많다. 그렇다면 그들이 언젠가 혁명을 일으켜 지금의 기호 소비 사회를 파괴하고 새로운 사회를 만들어내지 않을까? 보드리야르도 그런 반사회적 활동가들을 언급했지만, 유감스럽게도 그들의 활동이 사회를 바꿀 가능성은 전혀 없다고 단언한다.

'반사회적 활동'도 기호 소비 사회의 시스템 속에서 소비되는 기호 중 하나가 되어 버렸다. 그런 활동 역시 시스템을 존속시키기 위한 하나의 부품에 불과하며, 그들은 이미 시스템을 바꿀 힘을 잃어버렸다.

여기서 잠시 기호 소비 사회가 무엇이었는지를 다시 떠올려 보자. 기호 소비 사회란 욕망을 자극하는 기분 좋은 이미지기호를 생산해 본래는 존재하지 않았을 가치를 창출하고, 모두를 열중시켜 죽을 때까지 경제활동에 바삐 종사하게 만드는 시스템이다. 수명이 다하기까지 인간을 이미지기호에 열중하게 만든다는 점에서 기호는 일종의 마약이며, 기호 소비 사회는 중독자를 낳는 시스템이라고 할 수 있다. 그런데 보드리야르는 반사회적 활동조차 그 기호 소비 사회의 일부이며, 기호의 일종이라고 말한다. 그렇다면 그것은 구체적으로 어떤 기호이미지일까? 과장해서 표현하자면 이런 거다.

> 정부와 권력을 거스르는 나는 멋진 사람이야. 나는 다른 이들과 달라. 특별해. 양식 있고 행동력 있는 훌륭한 인간이라고!

물론 이같이 단순한 수준의 사람만 있는 것이 아니라 진정으로 사회를 우려하며 활동하는 사람도 있다. 그러나 상당수의 사람은 위와 비슷한 심리를 기반으로 활동한다. 그들은 일반적인 사회적 활동에서 만족기호, 기분 좋은 이미지을 얻을 수 없기에 반사회적 활동을 통해 그것을 얻으려 하는 것뿐이다.

> '반체제를 외치는 자'
> '정부의 악을 간파하고 있는, 평범한 사람들과는 차별화된 명석한 자'
> '권력에 굴하지 않고 진실을 외치는 용감한 자'

이런 이미지는 사회에 넘쳐나는 보통 사람들이 쉽게 얻을 수 있는 저렴

한 기호다. 새하얀 와이셔츠에 말쑥한 고급 정장과 같은 기호를 추구하는 것도 괜찮다. 그러나 여러 이유로 그런 것을 얻지 못하는 사람들은 대신 새까만 셔츠, 활동성을 강조한 낙낙한 사이즈, 무언가 단호함이 느껴지는 디자인의 옷을 선택한다. 그리고 그것을 입은 채 'ㅇㅇ 반대!', 'ㅁㅁ는 책임을 지고 사퇴하라!' 등의 현수막을 들고 거리를 행진하기도 한다. 왜일까? 그런 복장과 행동이 '현 체제에 맞서는 저항가'라는 기호 기분 좋은 이미지를 그들에게 부여하기 때문이다.

당연히 그런 활동으로 현 체제를 파괴할 수 있을 리가 없다. 그들이 무엇을 하든 결국은 현 체제의 틀 안에서 활동한다는 것에는 변함이 없기 때문이다. 생각해 보면 새까만 셔츠도, 헐렁한 옷도 현수막도 모두 시장에서 파는 것, 즉 사회가 제공하는 상품 욕망을 자극해 억지로 사게 만든 소비재이 아닌가.

유명인인 당신에게 딱 맞는 고급 브랜드 상품은 여기 있습니다!

그것들 모두가 패션이며 유행이다. 기호 소비 사회는 물건의 실제 가치가 10이라도, 그것을 100이라고 말하며 소비 심리를 자극함으로써 '와아'하고 사들이게 만든다. 반사회 활동도 마찬가지다.

사회에 불만이 가득해서 대단한 정치가를 욕하며 즐기고 싶은 당신. 이런 옷을 입고 이런 곳에 모여 "ㅇㅇ 반대", "ㅁㅁ 장관은 자격이 없다!"라고 외쳐 봅시다. 당신에게 추천하는 시위 용품과 시위 장소는 여기 있습니다!

그들은 어쩌면 스스로가 이성적으로 사고하여 반사회적 활동을 하고 있다고 생각할지 모른다. 사회의 부정을 바로잡기 위해 애쓴다고 주장할지도 모른다. 그러나 모든 것은 기호 소비 사회^{자본주의 사회}의 손바닥 위에 있다고 보드리야르는 말한다. 전단지에 충동질 당해 불필요한 물건^{기호가 붙은 상품}을 사는 것과 같으며, '판다가 그려진 깃발'을 향해 필사적으로 뛰어가는 초등학생과 크게 다르지 않다.

반사회적 활동^{현 체제의 비판, 시위} 자체를 쓸데없는 일이라고 폄하하려는 이야기가 아니다. 반사회적 활동에 의해 사회가 좋아지는 것은 사실이다. 그러나 그 활동의 정체가 이러하다면 어떻게 될 것인가.

'사람들의 흥미를 끌어 시간과 돈을 소비시키기 위해 고안된 기호(상품)'
'기분 좋은 이미지를 찾아 몰려다니게 만드는 오락(기분전환 거리)'
'장관을 비난해 교체시킨 후 후련함을 느끼게 만들, 사회가 제공하는 참여형 놀이기구'에 불과하다면.

우리가 깨닫지 못하는 사이 우리의 모든 행위가 기호 소비 사회의 한 축을 담당하게 되었다는 것이다. 그렇다면 기호 소비 사회라는 장치^{기호를 좇아 시간과 돈을 소비하며 인생을 보내게 하는 자기 완결적 시스템 = 자본주의 사회의 근간}를 파괴하거나 변화시키기란 전혀 불가능하다.

철학은
죽었다?

극단적인 경우만 예로 들었으니 자신과는 관계없는 이야기라고 생각할지도 모르겠다. '나는 브랜드 상품을 사지 않고, 반사회적 활동에도 참여하지 않는다. 따라서 기호를 좇아 뛰어다니지 않고, 기호 소비 사회에 조종당하지도 않는다.'라고.

그것은 착각이다. 보드리야르의 철학에 따르면 이 사회에 그런 사람은 존재하지 않는다. 사회 속에서 사는 이상, 그 어떤 사람도 기호 소비 사회의 손바닥 위에서 벗어나 있지 못한다. 착각에 빠진 사람에게는 분명 이런 전단지가 배포되었을 것이다.

"브랜드 상품에 관심이 없는 균형 감각 있고 현명한 당신. 당신에게는 남다른 안목이 있습니다. 그런 당신을 위한 합리적인 상품은 여기 있습니다!"

"평범한 생활에 만족하는 성실한 당신. 내일을 모르는 채 인생을 살기란 두려운 일입니다. 그런 당신에게는 '정직원'이라는 실속 상품을 추천합니다. 하고 싶지 않은 일, 로봇도 할 수 있는 일을 하느라 인생의 80% 가량을 소비하며 근근이 살아 봅시다. 스케줄에 쫓겨 가며, 아마도 거의 쓰이지 않을 신기능으로 가득한 상품을 열심히 만듭시다. 우선 그 첫 번째 목표는 '대졸'입니다! 대입을 위한 참고서와 학원은 여기 있습니다!"

배포되는 전단지의 성격은 다르지만, 결국 일정한 기호 추구해야 할 이미지, 가치를 당신의 눈앞에서 흔들어 대며 그것을 추구하는 데 시간과 돈, 즉 인생을 소비하게 만드는 것은 똑같다. 그러나 이 이야기에 여전히 동의하지 못하는 사람이 있을 것이다. "너무 갖다 붙이는 거 아니야? 보드리야르의 철학을 증명하기 위해 모든 것을 기호 소비 사회의 활동으로 억지로 환원시켰을 뿐이잖아?"라고 말이다.

　맞다. 사실 이건 무리하게 환원한 이야기일 뿐이다.

"물건을 사겠습니다!"
"네, 그 물건은 일종의 기호입니다. 당신은 기호 소비 사회에 사로잡혀 있습니다!"
"그러면 그런 사회를 바꾸겠습니다!"
"네, 그것도 기호입니다. 당신은 기호 소비 사회에 사로잡혀 있습니다!"
"그러면 평범하게 살겠습니다!"
"네, 그것도 기호입니다. 당신은 기호 소비 사회에 사로잡혀 있습니다!"

　무슨 말을 하든 똑같은 결론이다. "네, 그것도 기호입니다."라는 한마디로 모든 것이 기호 소비 사회의 활동으로 환원된다면, 아무리 발버둥을 쳐도 기호 소비 사회의 손바닥 위를 벗어나지 못할 것이다. 그럼으로써 보드리야르의 철학은 '인간은 기호 소비 사회에서 도망칠 수 없고 그 사회의 바깥으로 나갈 수 없다!'라고 주장하며 어떤 반론도 허용하지 않는다는 점에서 무척 치사하다고도 말할 수 있다.

그러나 사실 치사한 사람은 보드리야르만이 아니다. 이 교활한 수법은 현대 철학자 전원에게서 발견된다. 비트겐슈타인을 예로 들어 보자.

네, 그렇게 말하는 당신도 그 말을 낳은 사회의 관습적 가치관(규칙)에 이미 중독되어 있습니다. 당신이 언어로 사고하는 이상, 아무리 사색을 거듭해도 그 언어를 낳은 사회의 가치관(규칙)을 벗어날 수 없습니다. 즉, 그 구조(언어 게임)의 바깥으로는 절대 나갈 수 없습니다.

데리다도 마찬가지다.

네, 바꿀 수 있습니다. 네, 그 말도 다르게 바꿀 수 있습니다. 말에는 유일한 의미가 없으니까요. 얼마든지 재해석할 수 있습니다. 네? 제 탈구축이 틀렸다고요? 네, 그 말도 바꿀 수 있습니다.

모든 것을 자신의 방식으로 설명 가능하게 만들면서 반론조차 자기 논리의 구조로 설명해 버리는 자기 완결적인 치사한 논법이다. 다시 말해 그들 _{현대 철학자들}의 핵심 주장은 이것이다.

1 인간은 좋든 싫든 일정한 시스템_{사회, 가치관과 판단 체계}에 사로잡혀 있다. 인간은 그 시스템이 제공하는 범위 안에서만 사고든 행동이든 욕망이든 가질 수 있다!
2 따라서 인간은 시스템을 넘어설 수 없고, 시스템 외부로 나갈 수도 없

다. 인간은 시스템의 틀을 넘은 보편적 진리를 얻을 수 없으며 시스템이 제공하는 틀 안에서 끊임없이 빙빙 돌 수밖에 없다!

결코 반론을 허락하지 않는 세련된 최강의 철학······. '너희들 중 아무도 사회라는 시스템에서, 그리고 내가 생각한 철학에서 도망칠 수 없다.'라는 절망적인 철학.

이것이야말로 현대의 최신 철학포스트구조주의의 정체다. 참고로 그 외에도 들뢰즈Gilles Deleuze, 가타리Felix Guattari 등 포스트구조주의를 대표하는 철학자들이 똑같은 논법으로 자신의 철학을 주장했다. 들뢰즈와 가타리는 보드리야르와 마찬가지로 '인간은 자본주의 시스템에서 벗어날 수 없다.'라는 주장을 펼쳤다.

결국 인류는 진리와 구조를 찾아내는 일에 완전히 실패하고 말았다. 인간은 '내부에서는 결코 파악 불가능한 구조언어와 가치를 창출하는 틀=사회' 속에 붙잡혀 있고 그 구조의 영역을 벗어나서는 사고할 수 없으며 거기에서 결코 벗어날 수도 없다. 인간이 할 수 있는 일이라고는 구조시스템를 유지하기 위해 그 속을 빙빙 도는 것뿐이다.

"결국 무슨 짓을 해도 같은 일을 반복하게 되잖아. 면접에서 떨어지고 또 면접을 보고 또 떨어지고. 붙더라도 하고 싶지도 않은 일을 계속 해야 할 테고, 그런 짓을 늙어서 몸을 못 움직일 때까지 계속하겠지! 그런 뻔한 인생에 대체 무슨 가치가 있다는 거야."

"우리의 아버지는 이런저런 책임을 짊어지고 열심히 일하다가 몸이 망가져서 죽었어. 나는 절대 그렇게 살지 않을 거라고 생각했어. 하지만 막상 성인이 되어보니 똑같아. 일해라, 늦지 마라, 성과를 올려라, 웃으며 응대해라……. 그렇게 매일 재촉 받는 삶은 이제 지겨워. 이런 무의미한 세상……. 같은 일을 반복할 뿐 어디에도 도달하지 못하는 인생……."

그래서 지금까지 데카르트의 시대로부터 오랜 시간에 걸쳐 철학사를 설명했지만, 결국 나는 지금 여기서 철학의 종료를 선언할 수밖에 없다. 시점이 현재에 이르렀기 때문에 철학사의 설명을 종료하는 것이 아니다. 현대에 이르러 철학 2500년의 역사가 실제로 끝났으므로 여기서 설명을 종료하는 것이다. 즉,

철학은 죽었다.

라는 것이다. 다시는 획기적인 'ㅇㅇ주의'가 등장하지 않을 것이다. 지금의 자본주의에 종지부를 찍을 새로운 'ㅇㅇ 사회'도 등장하지 않을 것이다. 이제는 데카르트와 키르케고르와 레비스트로스 같은 지적 영웅은 없을 것이다. 우리는 우리가 잘 모르고 우리가 제어할 수도 없는 틀시스템 안에서, 기껏해야 건강에 유의하면서 시스템의 톱니바퀴로서의 일상을 담담히 살아가는 수밖에 없다.

6

앞으로의 철학

앞으로의 시대는 어떠한 사상이 주도할 것인가? 단순히 생각하면 전 시대의 철학 즉, 포스트구조주의가 진리와 철학을 부정했으니 다음에는 정반대로 진리와 철학을 긍정하는 시대가 올 듯하지만, 앞 장에서 말했다시피 그게 그리 간단해 보이지 않는다.

＊＊＊

　　지금까지 데카르트부터 현대까지의 철학사를 살펴보았다. 그것을 간단히 요약해 보자. 철학사는 한마디로 'ㅇㅇ주의에서 ××주의로의 변천사'라 할 수 있는데, 각각의 사상을 의인화하여 가상의 대화를 만들어 보면 하나의 뚜렷한 경향을 발견할 수 있다. 그것은 모든 사상이 이전 시대의 사상을 노골적으로 부정했다는 것이다.

합리주의 뭐라고? 종교인신앙주의들은 대체 뭘 하는 거지? 전혀 믿을 수 없어. 이제부터는 이성의 힘을 제대로 활용해서 합리적으로 사고해야 해! 그러려면 우선 이성인식의 기능과 한계부터 면밀히 파헤쳐 보자!

실존주의 뭐라고? 이성의 기능과 한계 따위를 따져 봤자 인간에 대해서는 하나도 모르잖아. 인간은 기계가 아니야. 그렇게 인간을 일반화해서 생각하면 안 돼. 인간은 자유롭고 주체적인 의지를 지닌 현실존재실존라는 전제 하에서 생각해야 해!

구조주의 뭐라고? 인간이 자유롭고 주체적인 의지를 지녔다고? 인간의 생각과 행동은 눈에 보이지 않는 구조에 지배당하고 있을 뿐이야. 사실 그런 말을 하는 사람일수록 똑같은 옷을 입고 똑같은 말을 하잖아? 인간의 의지를 찬미하기 전에 인간이 어떤 구조에 지배당하는지부터 알아야 해!

포스트구조주의 뭐라고? '보이지 않는 구조'라니? 그럼 그걸 빨리 보여 달라고. 그런 걸 어떻게 알아낸다는 거야? 그렇게 눈에 보이지 않는 진리니 구조니 떠들면서 "있어! 내가 찾아냈어! 이게 가장 옳아!"라고 말하는 사람들 때문에 참혹한 전쟁이 일어나는 거야. 이제 그만두자. 인간은 분명 구조에 지배당하며 살지만, 그 구조를 완벽히 파악할 방법도, 거기서 빠져나올 방법도 없어. 그러니까 인간이 구조진리를 파헤치려는 행위철학는 전부 소용없는 짓이야. 그러니까 그만 해산!

이런 식이다. 철학은 이처럼 전 시대의 사상을 무너뜨리며 발전해 왔다. 그러면 다음은 우리 차례다. 우리는 어떻게 전 시대의 철학현재의상식을 무너뜨릴 수 있을까?

단순히 생각하면, 전 시대의 철학포스트구조주의이 진리와 철학을 부정했으니 다음에는 정반대로 진리와 철학을 긍정하는 시대가 올 듯하지만, 앞 장에서 말했다시피 그게 그리 간단해 보이지 않는다. 지금 우리가 사는 사회 시스템은 다음 사회의 시스템을 만들어내는 것조차 오락기호으로 소비시키는 완벽한 자기 완결적 시스템이기 때문이다. 그래서 현대 철학은 지금의 사회가 영원히 지속될 것이고 우리는 새로운 시대를 보지 못할 것이라고 말한다.

그러나 그 말을 진지하게 받아들일 필요는 없다. 이때야말로 "뭐라고? 시끄러워. 멍청이들아."라고 반응하는 것이 적합하다. 예전의 위대한 지식인들도 한목소리로 자본주의는 금세 무너질 것이라고 주장했지만 모두 틀리지 않았는가? 그렇다면 자본주의 사회는 끝나지 않는다는 예언 역시 이루어진다는 보장이 없다. 그런 말을 진짜로 받아들일 필요는 없다.

그렇다면 다음에는 어떤 철학이 주류를 이룰까? 좀 더 적극적으로 말해, 지금 이 책을 읽는 여러분은 앞으로 어떤 생각을 하며 어떤 시대를 만들어 나가야 할까? 내가 생각하는 다음 시대의 철학을 주도할 만한 주제는 세 가지다. 그러나 그 놀라운 주제들을 여기서 모두 피력하기에는 지면이 좁다. 때문에 지금은 그것들을 하나로 압축하여 조금만 소개하려고 한다. 이것이 여러분의 '철학'에 조금이라도 도움이 된다면 기쁠 것이다.

새로운 시대의 새로운 철학, 즉 우리가 고민해야 할 주제는 '일하지 않는 사회를 만들려면 어떻게 할까?'라고 생각한다. 다시 말해 '지겹고 귀찮으니까 이제 일사회에 공헌하는 것을 그만둘까?'에 대한 이야기다.

소비되는 인생

지금 우리 사회의 분위기를 생각해 보자. 우리는 대개 이런 상식에 매몰되어 있지 않은가?

진리를 지향하거나 혁명을 일으키겠다는 말을 하는 놈들은 위험해. 유일 · 보편의 고정된 진리 따위는 어디에도 없고 옳음도 제각각이잖아. 다 입장에 따라 바뀌는 거야. 그러니 종교니, 정치사상이니, 철학 따위에 빠져서 한쪽으로 치우치지 말고 현실의 사회에서 평범하게 일하며 즐겁게 지내면 되지 않아?

어느 정도는 타당한 생각이다. 진리나 이상적인 사회, 획기적인 정치사상은 이제 필요 없다. 그런 것을 찾을 방법도 없으며, 지금의 자본주의 사회에서는 (다소 문제는 있겠지만) 대다수가 최소한의 생활은 할 수 있으니 사회를 무리하게 바꿀 필요도 없다. 게다가 지금은 오락거리도 많다. 누구나 인터넷에서 글이든 동영상이든 마음대로 볼 수 있고 게임까지 무료이니 말이다. 그런 오락을 즐기다 보면 인생은 어느덧 지나가 버릴 것이다. 그러니 이제 사회 혁명 같은 건 재미가 없다. 만약 한다고 해도, 아무도 보지 않는 인터넷 한 구석에서 정치가의 험담을 늘어놓는 즐거움에 취하고, 영향력도 없는 반체제 집단에 참여해서 다함께 소규모 시위를 하는 정도일 것이다.

그러나 그런 한편, 그 상식사회시스템을 유지하기 위해 우리가 상당한 대가를 지불하고 있음을 잊지 말아야 한다. 그 대가는 우리의 '인생시간과 에너지'이다. 우리는 사회를 유지하기 위한 노동에 유한하고 귀중한 인생을 대량으로 소비하고 있다.

가령 우리는 노동을 위해 몇 시간씩 걸리는 길을 매일 왕복하며, 무슨 일이 있어도 하루에 8시간 정도는 일을 해야 한다. 기분이 나빠도 웃는 얼굴로 고객을 대해야 하고, 무리한 스케줄과 예산에도 불구하고 나름의 형태로 물건을 만들어 어떻게든 납품해야 한다. 게다가 취직을 하려면 발품을 팔아 회사들을 돌아다니며 면접에서 (그다지 들어가고 싶지도 않지만) 지원 동기를 열심히 호소해야 한다.

노동이란 그토록 귀찮고 스트레스 가득한 일이며, 통근시간까지 포함해 하루의 상당한 시간을 구속하는 행위다. 심지어 식사와 수면 등 생존에 필요한 시간을 빼면 우리에게 '한가하다'고 할 만한 시간은 거의 주어지지 않는다. 그리고 우리는 얼마 있지 않은 그 한가한 시간조차 스트레스를 풀기 위해 쇼핑을 하거나 중요하지 않은 사람과 중요하지 않은 남의 이야기를 하는 데 소모한다. 가끔은 버튼만 클릭해 희귀 아이템을 획득할 수 있는 게임을 하느라 말 그대로 '시간을 죽이기도' 한다.

하긴 그것도 그리 나쁘지 않다. 다소 답답하기는 하지만 전쟁이 끊이지 않던 시절이나 굶어죽을 만큼 가난했던 시절보다는 훨씬 낫다. 실제로 대다수의 사람에게 최소한의 의식주를 제공할 수 있는 사회 시스템이 성립된 이상, 이제 우리에게는 이 사회를 바꿔야겠다는 진지한 동기가 남아 있지 않다. 게다가 그 사회는 우리의 눈길을 끄는 무언가를 속속 제공하여 죽을 때까지 무료하지 않게 시간을 보내도록 만들었다. 그렇다면 '얼마간의 부자유함 노동 스트레스와 구속 시간은 감수하고 지금의 생활을 억척스럽게 해 나갈 수 있는 것만으로도 감지덕지해야 하는 것은 아닐까?

결국 그런 사고방식, 삶의 방식이 우리 사회의 '상식'이 되었다. 그러나 상식이기 때문에 오히려 이런 식으로 무너뜨리는 것이 좋을지도 모른다.

이제 그런 스트레스와 구속에는 넌더리가 나. 차라리 모든 일을 그만두고, 사회를 유지하려는 노력도 그만두자.

사실 이건 지나친 말이기는 하다. 유치하고 극단적이고 무책임한 소리다. 사회를 유지하려는 노력을 그만두고 나면 우리는 어떻게 살아가야 할까? 굶어죽는 사람이 생기면 어떻게 하지? 외국자본이 들어와서 우리나라를 경제적으로 지배하면 어떻게 하지? 다소 괴롭더라도 살아가기 위해 일하는 것이 당연하지 않은가? 모두가 열심히 일하는 덕분에 우리의 의식주가 보증되는 게 아닌가?

하지만 곰곰이 생각해 보자. 정말로 그럴까? 과거에는 정말 그랬을지도 모른다. 모두가 열심히 일하지 않으면 의식주를 보장하지 못하는 시절이 있었다. 그러나 지금은 다르다. 많은 사람들이 '살기 위해 필요한 상품_{생활필수품}'이 아닌, 물건과 서비스를 만드는 노동에 종사하고 있다.

흔한 예로, 당신이 손바닥만 한 통신기기를 만드는 회사에 다닌다고 하자. 그 기기가 있으면 확실히 편리하지만, 그렇다고 그것이 살아가는 데 꼭 필요한 물건은 아니다. 타사와 경쟁하느라 몸을 망가뜨려가며 만들 필요가 있는 물건도 아니다.

만약 그 기기가 세상에서 사라진다고 하자. 그렇다고 무언가 큰일이 생길까? 사실 그것이 없었던 시대에도 사람들은 모두 즐겁게 지냈다. 그것이 없으면 없는 대로, 사람들은 조깅을 하거나 다른 오락을 찾으며 아무 일도 없었던 듯 시간을 보낼 것이다.

케인즈 경제학의
진리

　　　　　잠시 다음의 그림을 보자. 이것은 세계에서 가장 유명한 경제학자, 케인즈John Maynard Keynes의 분석 결과 도출된 간이 경제 모델을 나타낸 것이다. 이해를 돕기 위해, 사회에는 세 명의 사람밖에 없고 기업은 하나뿐이며 돈은 3만 달러 밖에 유통되지 않는다고 가정해 보자.

　우선 그림 1의 초기 상태에는 기업이 3만 달러를 갖고 있고, 사람은 전원 무일푼. 그리고 시장에 상품은 하나도 없었다고 하자. 세 사람은 돈이 없으므로 기업에 고용되어 생활필수품을 생산하는 일을 하며 급여를 받는다. 그러면 사회는 그림 2의 상태가 된다. 기업이 0달러를, 사람은 각각 1만 달러씩 갖게 되고, 시장에는 상품이 넘친다. 그 후 세 명은 가진 돈인 1만 달러로 시장에서 생활필수품을 사서 소비한다. 그러면 그림 3과 같이 모두 무일푼이 되고, 그들이 쓴 돈은 기업에게 전부 돌아간다.

〈그림 1 초기 상태〉

○○ 슈퍼
○○ 백화점
상품 없어요.

돈 있어요.
○○회사

무일푼 이에요.
돈이 필요해요.
A씨　B씨　C씨

　　　　　　　　　　　　　　　　　　제6장 | 앞으로의 철학

〈 그림 2 노동 후의 상태 〉

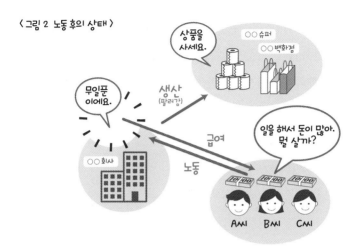

〈 그림 3 구입 후의 상태 〉

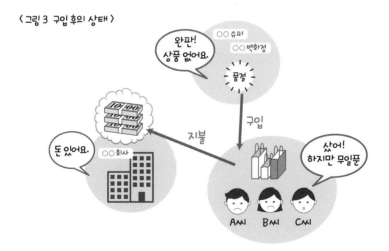

자, 이제 처음의 그림 1로 돌아갔다. 그다음에는 똑같은 상황이 벌어져 '상품을 만들어 소비하는 일'과 '돈이 사람과 기업 사이를 왔다 갔다 하는 일'이 영원히 반복된다. 이것이 '경제가 도는' 상태다. 물론 이 이야기는 극단적으로 간략화되어 있어서 수많은 기업과 사람들로 이루어진 실제 사회와는 상황이 다르다. 또 모든 구성원이 상품을 사는 데 돈을 다 쓰는 것도 아니고 기업에 돈이 전부 돌아가는 것도 아니다.

그러나 그것은 어디까지나 오차 범위 내의 이야기다. 케인즈가 말한 '경제가 도는' 현상의 본질은 원리적으로 같다. 그러면 여기서 새로운 상황을 설정해 보자.

기업의 생산 능력이 향상되어 A 씨 혼자 일해도 예전처럼 생활필수품을 생산할 수 있게 되었다.

얼핏 긍정적인 변화로 보일 수도 있지만, 이렇게 되면 기업은 A 씨만 고용하고 그에게만 급여를 줄 것이다. 그러면 당연히 B 씨와 C 씨는 일자리를 잃고 무일푼인 채로 살아야 한다. 자, 무척 불가사의한 일이 일어났다. 지금까지 셋이 만들던 것을 혼자 만들 만큼 기술력이 향상되었으며, 시장에는 예전처럼 생활필수품이 넘치는데도 B 씨와 C 씨는 굶어죽을 만큼 가난해지는 부조리한 상황이 발생한 것이다. 이 상태를 개선하려면 어떻게 해야 할까? 케인즈는 이렇게 제안한다.

억지로라도 고용을 창출해야 한다. 정부가 공공사업을 투입해야 한다.

제6장 | 앞으로의 철학

즉 "B 씨, C 씨가 일이 없으니 만들어 주면 되잖아!"라는 말이다. 정부가 공공사업으로 다리든 공공시설이든 피라미드든, 뭐든 좋으니 건설해 일단은 사회에 일을 공급해야 한다. 그러면 고용이 발생해 B 씨와 C 씨도 돈을 벌 수 있다.

참고로 이때 공공사업을 투입하는 정부는 B 씨, C 씨에게 2만 달러의 급여를 지급해야 하는데, 만약 세금으로 그것을 충당할 수 없다면 어딘가에서 빌려야 한다. 대개의 경우 정부는 돈이 움직이지 않고 멈춰 있는 곳에서 대출을 한다. 아래 그림처럼 2만 달러를 가졌으나 쓸 곳이 없는 기업, 혹은 그 2만 달러를 맡은 은행에서 돈을 빌릴 것이다. 일반적으로 빚은 피하는 게 좋다고 여겨지지만, 그래도 이것이 특효약이 되어 경제를 돌아가게_{호경기} 만들기 때문에 정부는 적극적으로 빚을 져야 한다. 이것이 케인즈의 경제 이론_{멈춰 있는 돈을 발견하면 빚을 내서라도 무리하게 흡수해서 사회에 돌리라는 이론}이다.

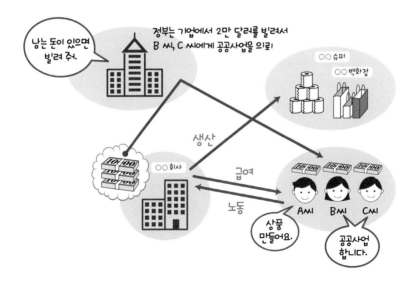

참고로, 케인즈의 이론은 확실한 효과를 발휘했고 실제로 많은 국가가 이를 실행해 불황을 타개하는 데 수차례 성공했다. 그러나 케인즈는 이런 말도 했다. "정부가 빌린 돈은 경기가 좋아지면 증세 등을 통해 확실히 변제해야 한다." 그러나 그건 무리다. 선거로 정권이 바뀌는 민주주의 국가에서는 증세가 극히 어려운 데다, 정부가 호경기일 때도 공공사업을 팍팍 투입하는 바람에 터무니없을 만큼 많은 빚을 지게 되기 때문이다.

그러면 여기서 의문을 하나 제기해 보자.

경제를 순환시키기 위해 공공사업을 투입하라고 하지만, 다리나 고속도로를 이미 다 만들어서 더는 할 일이 없으면 어떻게 해야 할까?

이 질문에 대해 케인즈는 과격한 대답을 내놓는다.

땅 속에 금이라도 미리 묻어두고 그곳을 파게 하면 된다. 그것도 경기 대책에는 효과적이다.

구멍을 파서 메우고, 다시 구멍을 파서 메우고. 그런 의미 없는 일이라도 괜찮다는 것이다. 사는 데 필요한 생활필수품은 이미 시장에 넘쳐나니, 전 구성원에게 돈이 골고루 돌아가게 하는 것이 가장 중요하기 때문이다. 어쨌든 돈이 잘 돌기만 하면 되니, 심하게 말해 생활필수품을 만드는 일만 아니라면 그 외의 일은 어떻게 되든 상관없는 셈이다. 이 과격한 발언은 지금도 반대파에서 비판하는 유명한 말 중 하나인데, 이처럼 극단적이면서도 비판에 아랑곳하지 않고 본질을 정통으로 꿰뚫은 점 또한 역사에 이름을 남긴 경제학자 케인즈답다.

이제 본론으로 돌아가자. 우리가 하는 일 전부에 높은 가치가 있는 것은 아니다. 그것은 케인즈의 경제학에서도 분명히 밝힌 사실이다. 과거엔 분명 이러했다.

(과거) 생활에 필요한 것을 만들어야 한다. ➡ 일을 한다.

그러나 지금은 이렇다.

(현재) 무조건 돈을 순환시켜야 한다. ➡ 일을 한다.

일의 위상이 이렇게 된 이상, 결국 현대의 '일'은 무의미한 '땅 파기'여도 상관없게 되었다. 그렇다면 다른 식으로 이야기해 보자. 지금 기호 소비 사회에 살고 있는 우리의 일, 혹은 우리가 앞으로 하게 될 일도 사실상 땅 파기에 불과한 것은 아닐까?

물론 기호 소비 사회의 일은 기본적으로 모두의 욕망을 자극하는 기호, 즉 모두의 흥미를 끄는 오락적인 서비스를 만드는 일이므로 무익한 '땅 파기'와는 다를 것이다. 그러나 앞 장에서 말했다시피, '경제를 순환시키기 위해 새로운 기호를 만들어내는 것'이 기호 소비 사회에서 일하는 우리의 숙명이라면? 그러면 우리의 일은 본질적으로 케인즈의 공공사업과 같아진다. 땅 파기에 한없이 가까워진다.

만약 지금 하는 일이 당신이 '하고 싶은 일'이라면 그나마 괜찮다. 당신은 그것을 즐기며 열심히 일하면 된다. 그러나 일할 때의 기쁨도 전혀 없으며 그야말로 '일이니까' 하는 거라면, 자신을 어떻게 속이든 그 일은 그저 땅 파기 사회를 유지하기 위해 강제적으로 하는 '공공사업'에 불과하다. 만약 가슴에 뜨끔한 것이 느껴지는 있는 사람이 있다면 그에게 이렇게 묻고 싶다.

당신은 정말로 그 일을 하기 위해 살아왔는가? 단 한 번뿐인 귀중한 인생의 대부분을 거기에 소비해도 정말 괜찮은가?

기호 소비 사회의
희망의 빛

방금 전의 질문에 대해 설사 괜찮지 않다고 한들, 우리는 무엇을 할 수 있을까? 보드리야르 등의 현대 철학자들이 말했듯 우리는 이 완벽한 자기완결 시스템 자본주의 사회에서 벗어날 수 없다. 이에 관해 보드리야르는 저서《상징적 교환과 죽음》1976년에서 이렇게 말했다.

노동이란, 우리가 일단 살아 숨 쉴 만큼의 가치밖에 없다고 판정받은 비참함의 징표다. 자본이 노동자를 죽을 때까지 착취한다고? 말도 안 되는 소리다. 역설적이지만 자본이 노동자에게 할 수 있는 최악의 만행은 노동자를 살려두는 것이다. 자본은 노동자의 죽음을 연기함으로써 노동자를 노예로 만들고 노동 속, 생의 한없는 비참함에 노동자를 붙들어 맨다.

여기서 '노동자의 죽음을 연기하는 일'이란 사회가 제공하는 의식주 혹은 의료나 치안을 일컫는다. 그것들은 모두 우리의 '연명'에 공헌하므로 어떤 의미에서 사회는 우리에게 '죽음의 연기'를 선물하고 있다. 우리는 그 선물이 너무 매력적이어서 사회에 거역하지 못하게 되었다. 즉 죽음의 연기의식주, 의료, 치안라는 선물을 갖고 싶어서 누구나 사회의 노예가 되고 사회의 지속에 인생을 소비하는 것노동의 비참함을 감내하는 것, 하고 싶지 않은 일에 귀중한 시간을 소비하는 것을 당연하게상식으로 생각하게 되었다는 것이다.

그렇기 때문에 노예인 우리는 주인인 사회를 결코 바꿀 수 없다. 보드리야르는 그렇게 결론짓는 동시에 이 사회 시스템을 넘어설 가능성이 딱 하나 있다고 말한다. 앞의 《상징적 교환과 죽음》에서 다시 인용하겠다.

生命을 지키는 동시에 권력을 폐기하기란 불가능하다. (중략) 이 생명을 양도하는 것, 즉 직접적인 죽음을 통해 연기된 죽음의 뒤통수를 치는 것만이 근원적인 해답이며, 그것이야말로 권력을 폐기할 유일한 가능성이다. (중략) 죽음의 회피나 연기는 주인이 권력을 안정시키는 데에 이용당한다. 살해당하지 않고 권력이 주는 죽음의 유예 속에서 살아가며, 자비로운 생명을 짊어지고 그 생명을 결코 면하지 못하는 상태, 그리고 사실상 장기신용 채권을 조금씩 청산해 나갈 의무를 지고 노동이라는 완만한 죽음에 사로잡힌 상태, 심지어 이 완만한 죽음이 비참한 상황이나 권력의 운명에 아무 변화도 일으키지 못하는 상태, 이것들 모두를 거부해야 한다.

무척 극단적이며 과격한 주장이다. 다시 말해 보드리야르는 "사회가 시키는 대로 노동하며 오래 사는 것보다는 일찍 죽는 것이 낫다. 그렇게 스스로 죽음을 선택하는 인간, 구원을 받으려 하지 않는 인간만이 사회를 바꿀 희망이다."라고 말한 것이다.

그러나 이것은 논리적으로는 매우 타당하다. 가령 죽이지 않으면 살해당하는, 그러므로 모두가 서로 죽여야 하는 완벽한 시스템이 있으며, 모두가 그 시스템의 노예가 되었다고 하자. 그 상황에서 그 시스템을 넘어설 희망은 단 하나다. '살해당할지라도 나는 총을 쏘지 않겠다.'라고 결심하는 인간, 즉 죽음의 연기라는 선물을 거부하는 인간이 점점 많아지는 것뿐이다. 원론적으로 말해 그런 인간만이 자기 완결적인 시스템을 넘어설 가능성을 품고 있다.

여러분은 그런 인간이 있을 리가 없다고 생각할지도 모르겠다. 그러나 나는 현대의 젊은이 중에 그런 사람들이 있다고 본다. 바로 니트족이다. 'Not in Education, Employment or Training.' 일도 하지 않고 사회에 공헌도 하지 않고, 그야말로 아무것도 하지 않는 니트NEET. 그들은 기호 소비 사회의 톱니바퀴가 되어 억지로 노동하는 삶을 패배로 규정하고, 기존의 사회 시스템에 편입되기를 일절 거부하는 현대의 외로운 투사다.

일하기 싫어! 절대 일하기 싫어!

그들은 지독히도 일하기를 싫어한다. 장래가 어떻게 될지는 모르지만 "어쨌든 싫은 건 싫은 거다. 무례한 사람에게 억지로 웃으며 접대하는 따위의 비인간적인 일은 절대 못한다."라고 말하며 사회에 참여하길 완강히

거부한다. 그러나 그런 그들이라서, 연명하고 싶은 욕망을 역이용해 우리를 마음대로 주무르는 사회 시스템을 바꿀 가능성을 가지고 있지 않을까?

다시 말해 니트야말로 기호 소비 사회의 희망이며 지금 시대에 살아남은 철학자라는 것이 나의 생각이다. 현대 철학의 계보를 잇고 있는 요즘의 자칭 철학자들은 언어 게임 속에서 똑같은 말을 반복하고 있을 뿐이다. 언어 게임, 탈구축, 기호 소비 사회, 그리고 전 시대의 위대한 철학자가 발견한 자기 완결적 시스템을 넘어서려는 기개와 의지 없이는 결코 새로운 시대의 철학자가 될 수 없을 것이다.

그렇기에 우리는 니트에게서 니트식의 사고방식을 배워야 하고, 니트는 자신에게 새로운 역사와 문화를 만들어 나갈 의무가 있다는 자각과 자긍심을 가져야 한다.

다음의
새로운 사회

그러나 니트를 찬미하다 보면 이 같은 비판을 받을지도 모르겠다.

일하지 않는 자는 먹지도 말라고 했어. 일하지 않고 살려 하다니 염치가 없군. 그래서 니트가 늘어나 경제가 무너지고 사회가 붕괴되면 당신이 책임질 건가? 니트가 그렇게 위대해 보이면 당신도 전 재산을 기부하고 산 속에 들어가 혼자 살지 그래?

그야말로 상식적인 비판이다. 그런 질책에는 필자도 딱히 반론할 말이 없다. 그러나 그것은 그 비판이 '보편적으로 옳기' 때문이 아니라 내가 '현재 사회의 언어'를 써서 답변을 하려 했기 때문이다.

경제, 사회, 직업

이런 용어언어를 쓰는 순간부터 일정한 가치관 속에 편입되는 것이다. 예를 들어 '사회인'이라는 말을 쓴 그 순간 이미 그 속에 포함된 가치관, 즉 '개인적인 감정을 억제하고 사회에 공헌할 수 있는 사람'이라는 말뜻과 그것을 좋다고 여기는 가치관에 매몰되고 만다.

따라서 이런 가치관으로 성립된 말로 어떤 반론을 하든, 우리는 그것을 벗어날 수 없다. 그것을 벗어나기 위한 반론의 언어 역시 그 가치관 속에서만 성립되기 때문이다. 비유하자면 이것은 홈런, 히트라는 야구 용어를 쓰면서 야구라는 개념을 벗어나려 하는 것과 같다. 그런 일은 불가능하다. 야구 용어를 쓰는 그 순간, 야구의 사고방식이 기반이 되는 상황에서 벗어날 수 없게 된다.

그러므로 일반적인 반론으로는 기반이 되는 시스템사회, 언어 게임의 틀 밖으로 나갈 수 없다. 그러므로 진짜 반론이란 이렇게 되어야 한다.

일하지 않으면 경제가 돌아가지 않는다고? 그게 무슨 말이야? 뭐지?

마치 외계인 같은 반응, 사회에서 고생한 적이 한 번도 없는 사람 같은

제6장 | 앞으로의 철학

반론, 전혀 반론이 되지 않는 반론과 같다. 그러나 이것이야말로 유일하게 옳은 반론이다. 언어 게임과 언어라는 가치관을 넘어서기 위해서는 이만큼 극단적이고 치졸하게 세계를 바라볼 수 있는 사람이 필요하다.

과거에도 그런 일이 있었을 것이다. 만약 우리가 지금의 가치관을 가지고 먼 과거의 사람과 논쟁하면 이렇게 될 것이다.

과거 : 왕을 위해 목숨을 걸고 싸워라! 그것이 훌륭한 인간이며 충신이다!

현재 : 왕을 위해 목숨을 걸라고? 왜? 무슨 소린지 모르겠군. 왕이 사람을 죽이라고 시킨다고 진짜로 죽이다니 다들 머리가 이상한 거 아니야?

과거 : 아니야! 모두가 왕에게 충성을 다하지 않으면 왕국이 무너져. 그러면 타국으로부터 공격당하고……

현재 : 그러니까 전쟁은 왕이랑 상관없는 거잖아. 어쩔 수 없이 시키는 대로 할 뿐이지.

과거 : 아니야! 왕은 신성한……

현재 : 그만 됐어. 말이 안 통하네.

극단적이고 치졸한 반론이지만, 어쨌든 가치관상식이 다르면 이렇게 된다. 말 그대로, '말이 통하지 않는 것'이다. 하지만 이것도 훌륭한 정답이다. 낡은 가치관왕은 신성한 존재다에 억지로 끼워 맞춰 반론을 제기한다면 말은 통하겠지만 그래서는 아무 발전이 없다.

어쩌면 '왕도 보통 인간이야. 신성한 존재가 아니라는 것을 논리적으로 설명하면 상대도 납득할 거야.'라고 생각하는 사람이 있을지도 모르겠다. 그러나 그건 무리다. 왕이 신성하지 않다는 것을 어떻게 증명할까? 유령을 믿는 사람에게 유령이 없는 것을 아무리 논리적으로 설명해도 아무 소용이 없다. '유령'이라는 상대의 말에 휘둘리며 그 유무나 시비를 논한다면, 대화가 이어지긴 해도 결코 결론이 나지 않을 것이다.

그러므로 결국, 누군가는 낡은 시대의 가치관노동은 숭고하다을 말도 안 되는 소리라며 내던져 버려야 한다(말을 되풀이하며 논리적으로 부정하는 것이 아니라). 그리고 또 누군가가 지금의 상식에 비추었을 때는 극단적이고 치졸하게 생각될지 모르는 새로운 사고방식, 즉 새로운 가치관을 제시해야 한다. 하물며 우리가 대적해야 할 전 시대의 철학은 어떤 반론이든 흡수해 버리는 완벽한 자기완결 시스템이다. 일반적이고 성실한 방식으로는 결코 무너뜨릴 수 없다.

그러니 이제 이렇게 질문해 보자.

가위바위보를 오래 하면 돈을 받을 수 있다는 이유로 인생의 80%를 가위바위보로 보낸다고? 그게 '일'이라는 건가? 도대체 뭐하는 건지 모르겠어. 다들 머리가 이상한 거 아니야?

이 정도는 되어야 세상을 다른 관점으로 볼 수 있다. 예전에는 상식적이고 정론이었던 비판도 그때는 분명 이렇게 들릴 것이다.

'가위바위보를 계속하지 못하는 자, 먹지도 말라!'

'가위바위보를 계속할 수 없다면 산속에 가서 혼자 살아!'

'모두가 귀찮다고 가위바위보를 그만두면 우리 사회가 무너질 거야!'

이쯤 되면 이미 반론 따위는 필요 없다. 말이 되지 않는 소리이므로 진지하게 상대할수록 시간 낭비이기 때문이다. 가치관이 전혀 다른 사람을 설득하거나 논박하려 하지 말자. 그 대신 다소 공격당할 여지가 있어도 괜찮으니 '노동은 숭고하다, 일하는 게 당연하다'는 지금의 상식을 확 던져 버리고 미래의 새로운 사회_{일하지 않는} 사회에 대해 깊이 사색하기 바란다.

한가함의
철학

그런데 이런 걱정을 하는 사람이 있을지도 모르겠다.

일하지 않는 사회……. 일하지 않고도 살아갈 수 있는 풍요로운 사회란 분명 멋질 것이다. 나 역시 '복권에 당첨되면 좋겠다, 그러면 지금 하는 일을 그만두고 다른 인생을 살 텐데.'라고 종종 생각한다. 하지만 실제로 일, 사회, 경쟁 같은 귀찮은 것들, 쫓기는 압박 등에서 해방된다면 인간은 할 일이 너무 없어서 정신이 이상해지지는 않을까? 일하지 않는 사회는 진정 행복한 사회일까? 정말로 미래에 지향해야 할 사회일까?

옳은 걱정이다. 과연 사람들_{일하는 것이 당연하다고 생각하는 사람들}에게 "내일부터는 죽을 때까지 일하지 않아도 됩니다." 혹은 "학교에 가지 않아도 됩니다."라고 말하면 그들 모두가 행복해질까? 오히려 모두 밤에만 활동하게 되거나, 집에서 나오지 않게 되거나, 온라인 게임에 빠지거나, 죄책감에 사로잡혀 정신이 황폐해지는 등 자신을 망가뜨리지는 않을까?

그래서 매일 아침 정각에 일어나 어딘가 나가야 한다는 강제적인 속박은 우리의 충실한 생활과 건강에 오히려 도움이 된다고 말하는 사람도 있다. '일하지 않음 = 편안함, 행복함'이라는 단순한 등식은 성립하지 않는다고 말이다. 게다가 애당초 일하지 않고도 살아갈 수 있는 풍요한 사회가 정말로 가능할까 그것부터 의심스럽다.

그러나 케인즈는 《우리 손자 시대의 경제적 가능성》1930년에서 이렇게 말한다.

내 결론은 다음과 같다. 중대한 전쟁과 현저한 인구 증가가 없다고 가정하면 경제문제는 100년 이내에 해결되거나, 적어도 해결의 가닥이 잡힐 것이다. 이것은 장래를 내다볼 때, 경제문제는 인류의 항구적 문제가 아님을 의미한다.

케인즈는 '그런 사회가 반드시 온다.'라고 결론지었다. 경제학자이면서도 '가까운 장래에 인류가 풍족해져서 경제문제는 해결될 테니 경제학 따위는 인류의 항구적 문제가 아니다.'라고 단언한 점이 무척 인상적인데, 어쨌든 100년이라는 시간을 생각하면 충분히 가능할 법한 이야기다(물론 향후 10년 안에는 어렵고, 심각한 전쟁이 일어날 수도 있을 것 같다).

그런데 설사 100년 후, 200년 후에 그런 사회가 도래하는 것이 확실하다 해도 케인즈는 그 사회의 도래를 낙천적으로만 보지 않았다.

그러나 노래할 줄 아는 사람들만이 인생을 견딜 수 있을 것이다. 그런데 우리 중 노래할 수 있는 사람은 극히 적다! 이리하여 인간의 창조 이래 처음으로, 인간은 정말로 항구적인 문제, 즉 절박한 경제적 걱정으로부터의 해방을 어떻게 이용하는가, 과학과 수치적 성장으로 획득한 한가함을 어떻게 현명하고 쾌적하게 이용하여 유복한 생활을 영위하느냐의 문제에 직면할 것이다.

일에서 해방되는 시대가 언젠가 올 테지만, 일에서 해방된 인생을 견딜 수 있는 사람은 적다고 케인즈는 말한다. 실제로 우리는 '한가한' 상태를 견디지 못한다. 우리는 항상 무언가를 사고^{지향}하고 무언가를 추구하려 한다. 아무 목적도 압박도 없는 인생은 처음에는 편안하고 좋을지 모르지만 곧 재미없고 불안한 인생으로 변할 것이다.

그러나 왜일까? 그것은 우리에게 '한가함'에 대한 철학이 없기 때문이다. 좀 더 자세히 말해, 목적 없는 인생을 강하게 긍정할 수 있는 가치관을 인류가 만들어내지 못했기 때문이다. 애당초 '한가하다'라는 말부터 문제다. '한가한 사람', '한가한 인생' 등 '한가하다'라는 말에는 은연중에 부정적인 이미지가 따라다닌다. 그러므로 '한가함'을 기존의 '한가하다'라는 뜻으로 이해하는 한, 우리는 '한가한 인생^{할 일이 전혀 없는 인생}'을 긍정할 수 없다.

그러면 일단은 그것을 '위대한 한가함'으로 불러 볼까? 물론 명칭을 바꾼다고 해서 달라질 것은 없다. 위대한 한가함은 여전히 우리에게 치명적인 독이다. 그러나 위대한 한가함이 언젠가 반드시 실현될 거라면, 명칭이라도 바꾸어서 그것을 되도록 긍정적으로 받아들이는 가치관을 마련해 두는 것이 현대를 사는 우리의 책임이 아닐까?

그런데 지금 그 책임을 온몸으로 실천하는 사람들이 있다. 바로 니트다. 지금 시대의 가치관으로 보면 패배자, 사회적 낙오자들이다. 그러나 그들은 누구보다 일찍 일의 가치가 폭락하고 있음을 민감하게 느끼고 시대에 앞서 스스로를 '위대한 한가함' 속으로 몰아넣은 새 시대의 선구자다.

그러나 그들 대부분은 아마 아플 것이다. '위대한 한가함'이라는 (현대의 가치관으로 보면) 맹독 속에서 살고 있기 때문이다. 몸도 아프고 마음도 아프고 세상에서는 손가락질을 당하니, 어쩌면 그들 중 아무도 니트로 살아남지 못할지 모른다.

그러나 한 사람, 단 한 명이라도 좋다. 니트인 것을 즐기고, 현명하고 쾌적하고 풍요로운 생활을 실현할 수 있는 니트가 있다면? 우리는 니트 중의 니트인 그에게 인류의 항구적 문제를 어떻게 해결했는지를 배워야 한다. 우리는 그에게서 그만의 철학, 해야 할 일이나 목적도 사회로부터의 강제도 없이 몸을 망가뜨리지 않고 행복하게 살 수 있는, 현재의 상식을 넘어선 새로운 가치관을 배워야 할 것이다(그 옛날 인도에 등장한 초대 최강의 니트인 석가에게 모두가 가르침을 청했듯이).

앞으로 대략 100년 동안, 무의미한 일에 괴로워하면서도 아무런 의문도 제기하지 않고 사고를 멈춘 채 담담히 작업만 하며 사는 인간들이 나타날 것이다. 그리고 그로부터 다시 100년 동안, 노동으로부터 해방된 것은 좋지만 이번에는 한가함 아무 할 일도 없는 인생에 괴로워하며 불안한 눈으로 흐리멍덩한 일상을 살아가는 인간들이 나타날 것이다.

그 200년 후의 사람들을 구제하기 위해 우리는 '지금' 생각해야 한다. 노동은 가치 있으며 인간은 일하는 것이 당연하다는 상식이 붕괴했을 때, 우리는 그 붕괴를 어떻게 넘어설 수 있을까? 최대한의 한가함 위대한 한가함을 얻었을 때, 우리는 그것을 어떻게 활용하여 행복하게 살 수 있을까?

그것은 케인즈의 말 그대로 인류의 항구적 문제다. 200년 후의 미래는 지금을 사는 우리 철학자에게 달려 있으며, 이 항구적 문제를 탐구하는 것이야말로 포스트구조주의의 다음, 즉 새로운 시대의 우리 철학일 것이다.

마지막으로, 어느 니트족 아들에게 보내는 한 어머니의 편지로써 글을 마친다.

아들아.

억척같이 일하는 엄마가 너의 눈에는 바보 같아 보일지도 모르지만, 그건 그만큼 우리 가족을 포함한 누군가에게 도움이 되는 자랑스러운 일이었지. 그래서 엄마아빠는 몸이 부서져라 일했던 걸 후회하지 않아. 오히려 일할 수 있는 사회에 태어난 것을 고맙게 생각해. 아르바이트를 하고, 너에게 밥을 차려 주고, 매일 바쁘지만 밝고 즐겁게 살 수 있었던 건 그런 생각 때문이었어. 그래도 그런 삶을 너에게 강요하지는 않을 거야. 이건 자본주의 사회, 고도경제 성장기에 태어난 엄마의 싸움이니까.

너는 지금 분명히 힘든 상황을 겪고 있어. 열네 살의 어느 날부터 학교에 가지 않게 됐고, 그 후로 줄곧 게으르고 생산성 없는 인생을 살고 있잖아.

일하는 게 상식인 이 사회의 가치관으로 보면 일을 안 하는 네 인생에는 아무런 가치도 없지……. 하지만, 그렇기 때문에 네 스스로 인생의 가치를 찾아야 해. 그리고 그건 너 자신만을 위한 일이 아니야. 앞으로 먼 미래에는 너 같은 아이들이 점점 늘어날 거야. 그런 이들을 위해서라도 네가 그들이 빛이 될 새로운 가치관을 찾아야 해. 그러니까 괜찮아. 엄마는 엄마의 싸움을 할 테니 너는 너의 싸움을 해! 네가 지금 이런 상황에 처한 것에는 분명 무언가 큰 의미가 있어. 너는 틀린 게 없어. 틀리지 않았어. 엄마는 항상 믿고 있단다.

아이 같은 발상, 거침없는 질문
그것이 철학

이 책을 쓰는 데 영감을 준 많은 것들 중에는 철학자 이케다 아키코 선생의 저서 《열네 살의 철학》이 있다. 예전 이케다 선생님의 인터뷰 기사를 보고 감명을 받은 기억을 회고해 본다. 그 기사에는 이런 내용이 실려 있었다.

나는 여자다. 그런데 여기서 말하는 '나'란 무엇인가? 무엇을 '나'라고 해야 할까? '나'의 용법을 확정하지 않고서는 '나는 여자다'라고 단정할 수 없다.

이케다 선생은 여성이다. 명성이 있는 철학자는 대부분 남성인 것을 생각하면 조금은 특이한 케이스이기에, 당연히 기자는 인기 있는 여성 철학자에게서 여성만의 의견, 가령 '여성론'이나 '성별론' 같은 이야기를 듣고 싶었을 것이다. 그러나 이케다 선생은 기자의 기대에 부응해 주지 않았다.

'나는 여자다'라고 말할 때의, '나는 ○○○이다'란 과연 무슨 뜻일까요?

브라보! 이케다 선생은 눈치껏 행동하지 않고 본질적인 질문을 던져 화제를 돌려 버렸다. '과연 철학자'라고 생각하게 만든 문답이었다. 물론 이건 성인답지 않은 답변이다. 그야말로 '열네 살'의 비뚤어진 답변이다. 눈치껏 분위기를 파악해 여성의 사회적 입장이나 지위에 관한 지론을 펼치고, 기자가 반길 만한 이야기를 해 주는 것이 우리가 생각하는 성인다웠을 것이다. 그러나 그래서 좋다. 그래야 철학자다. 우리는 그녀의 모습을 보고 좀 더 근본적인 것부터 생각할 필요가 있다. 상대의 사정이나 주위의 눈치 따위 신경 쓰지 않고 모든 사람들이 간과할 만한 질문을 거침없이 던져야 한다. 그리고 그런 질문을 가장 많이 할 때가 열네 살 때다.

"왜 사람을 죽이면 안 되죠?"

"왜 내가 하기 싫은 일을 남에게 시키면 안 되나요? 타인이 어떻게 되든 내가 좋으면 그만이잖아요? 나와 타인은 대체 뭐가 달라서요?"

이런 질문을 진지하게 던질 수 있는 나이가 바로 열네 살이다. 공공의 사회에서 이런 질문은 허용되지 않으며, 만약 이런 질문을 던지면 지탄의 대상이 된다. 이렇게 엉뚱하고 반사회적인 질문을 해도 용서받을 수 있는 것은 열네 살만의 특권이다. 만약 이 책의 독자 중 열네 살의 독자가 있다면 그 특권을 확실히 이용해 상식을 의심하는 질문을 뻔뻔스럽게 세상에 던져 보자. 그리고 열네 살이 아닌 여러분들도 걱정하지 말자. 지금은 누구나 인터넷에서 신분을 감춘 채 하고 싶은 말을 토로할 수 있는 시대다. 즉, 열네 살로 돌아가서 자유롭게 상식을 의심하는 발언을 할 수 있는 시대다.

인터넷 세상에서는 누구나 열네 살이 될 수 있다. 공공의 자리에서는 결코 꺼내놓을 수 없는 주제를 가지고도 자유롭게 논쟁할 수 있다. 우리는 이 시대 특유의 환경을 적극적으로 이용해 좀 더 자유롭게 논쟁할 필요가 있다. 역사에 이름을 남긴 철학자들처럼, 좀 더 '치졸하고 극단적인 말'을 마구 내뱉어도 좋다. 이 책에서 소개한 위대한 철학자들. 그들은 결코 이해할 수 없는 말을 한 것이 아니라, 그저 아이 같은 발상으로 이론을 전개했을 뿐이다. 결국 그들과 보통 사람은 '그처럼 아이 같은 말을 얼마나 진지하게 주장했는가?'라는 열정의 차이가 있을 뿐이다. 이 점을 공감해 준다면 무척 기쁘겠다.

이 책의 집필에 즈음하여 많은 철학자의 책을 참고했다. 그들이 평생을 쏟아 만든 수많은 위대한 저작에 감사의 뜻을 전한다. 또 이 책의 집필에 큰 영감과 감동을 준 이케다 아키코 선생의 철학과 삶에 깊은 경의를 표한다.

야무차

데카르트에서 보드리야르까지, 철학의 발상을 읽다

시대를 매혹한 철학

1판 2쇄 | 2017년 4월 3일
지 은 이 | 야 무 차
옮 긴 이 | 노 경 아
발 행 인 | 김 인 태
발 행 처 | 삼호미디어
등   록 | 1993년 10월 12일 제21-494호
주   소 | 서울특별시 서초구 강남대로 545-21 거림빌딩 4층
              www.samhomedia.com
전   화 | (02)544-9456(영업부) / (02)544-9457(편집기획부)
팩   스 | (02)512-3593

ISBN 978-89-7849-553-0 (03100)

Copyright 2017 by SAMHO MEDIA PUBLISHING CO.

이 도서의 국립중앙도서관 출판예정도서목록(CIP)은
서지정보유통지원시스템 홈페이지(http://seoji.nl.go.kr)와
국가자료공동목록시스템(http://www.nl.go.kr/kolisnet)에서 이용하실 수 있습니다.
(CIP제어번호 : CIP2017000708)

출판사의 허락 없이 무단 복제와 무단 전재를 금합니다.
잘못된 책은 구입처에서 교환해 드립니다.